JV

Adolf Placzek

Traumfahrt mit der Familie

Jüdischer Verlag
Frankfurt am Main

Der Text erschien zuerst in der Zeitschrift
Sinn und Form 3/1998.

Erste Auflage 1999

Satz: Hümmer GmbH, Waldbüttelbrunn
Druck: Nomos Verlagsgesellschaft, Baden-Baden
Printed in Germany

1 2 3 4 5 6 – 04 03 02 01 00 99

Traumfahrt
mit der Familie

Wir trieben auf einem Floß durch die Nacht, und die schwarze See wogte und schäumte lautlos um uns. Wir waren schon längst jenseits der Angst, aber noch immer in der ungeheuren Verwirrung der Kräfte begriffen. Etwas hielt uns noch hoch, so als hockten wir in der offenen Hand des Ozeans. Etwas zog uns auch abwärts ins Dunkel, und es war nicht klar, ob es die größer gewordene Schwerkraft des Unterweltraums war oder die Gewalt der riesig angewachsenen vergangenen Zeit. Es zog uns zurück, es zog uns hinunter, aber hinter uns war ein Wind wie ein Blasbalg, der uns vorwärtsfachte, vorwärts in eine geahnte Morgendämmerung. So schwankten wir langsam weiter, kein Floß der Medusa, sondern das Floß einer toten Familie, das heißt, sie waren alle tot außer mir, der nicht wußte, ob es 1913 oder 1930 oder 1976 war. Ich wußte auch nicht, ob ich ein eingeschüchtertes Kind oder ein träumender Greis oder einfach einer war, der zum Erinnern und Lieben und zum Erzählen ewig verurteilt blieb. Wir waren noch immer eine Familie, obwohl sie alle tot waren und ich nicht mehr war, was ich gewesen war, und noch viel weniger wußte, was ich jetzt war.

Das Floß trieb, und auf ihm hockten neben mir alle meine alten Tanten und mein Onkel und meine Mutter, und dann waren noch schattenhafte Wesen da, aus der Vorzeit und aus den Nebenzeiten, so als wären wir eine viel größere und viel ältere Familie, als ich gewußt hatte. Familienmitglieder schienen sich auch während der langen Fahrt zu uns zu gesellen, aufzutauchen aus den schwarzen Wellen oder hinunterzugleiten aus der finsteren Luft, wie Albatrosse und Möwen oder wie Delphine und Walfische. Sie begleiteten unser langsames schwankendes Treiben eine Weile lang und verschwanden dann wieder. Aber sie gehörten zu uns, wir gehörten zueinander. Kinderfrauen, Köchinnen, Erzieherinnen, die gehörten auch dazu, die waren auch Familie, ganz gewiß. Es war ja ein Floß von verlorenen Bürgern, das da durch die Nacht zog, ein Floß der Illusionen und Prätentionen und der unverschmerzbaren Verluste. Nur ein einziger Fremdling hockte mit uns, hockte nicht einmal, sondern umflog neckend das Floß, verschwand auf eine Weile, so daß wir erleichtert wieder unter uns sein konnten, entre nous, wie meine Mutter zu sagen pflegte, und stieß dann wieder in die Mitte unserer Trauer. Wir wußten nicht recht, wer er war. Es kam uns vor, als betrachtete er uns aus großer Distanz, auch wenn er in unserer Mitte saß, schaute uns an mit seinen kalten durchdringenden Augen, als wären wir ein sonderbares historisches oder zoologisches Phänomen. Wir waren ja ganz durchsichtig geworden, obwohl wir uns selber noch immer nicht begriffen: die Kleider hatten wir längst verloren, sie waren nur altmodische komische Andeutungen dessen, was wir einmal getragen hatten, und unsere Körper waren von uns abgefallen. Wir waren Schatten, Totenvögel, Gespenster, nur daß kein Licht uns durchdrang, weil die Nacht auf der stürmischen See so dunkel war. Wer aber war der Fremdling? Wir wußten es nicht genau, obwohl wir es ahnten. Er saß uneingeladen da, unwillkommen, er war zudringlich, und Zudringlichkeit galt in unseren Kreisen als ein schrecklicher Verstoß. Nur Plebejer waren zudringlich, und gewiß, dieser unruhige Fremdling war ein Plebejer. Vor allem aber, wie alle Fremden trug er mehrere Gesichter. Wir ahnten, daß er der Geist der Zukunft war, dieser lästige Mitfahrer auf unserer letzten Reise, aber wir waren nicht ganz sicher, ob er nicht doch auf komplizierte Weise zu uns gehörte, etwa von unseren Urgroßeltern abstammte, ob er also etwas von uns übernehmen wollte oder ob er uns alle am Ende der Fahrt auffressen würde wie der sagenhafte Gott Kronos seine Kinder. Der Zukünftige Mensch schaute dann auch wieder wie ein kleines Kind aus, ein gänzlich ungeformtes, schwammiges schlechtgelauntes Babygesicht, nur seine Augen blieben wie Bohrer, und sein Doppelkinn war das eines alten Mannes. Dann verwandelte sich der Zukünftige Mensch plötzlich in einen allmächtigen Bürokraten, und dann verwandelte er sich wieder in ein ganz sonderbares Wesen, ein Wesen ohne Züge, eine drohende blasse Null.

Die Familie aber, schattenhafte undeutliche Totenvögel, die sie waren, die hatte noch ihre Gesichter, zeitlos, weder jung noch alt, doch ganz sie selber. Auch die Albatrosse und Möwen und Walfische, die uns begleiteten, hatten alle ihre Bürgergesichter, sie waren weder kleine Kinder noch Bürokraten noch unheimliche Riesengötter aus der Vorzeit. Bürgergesichter waren es, möchte ich sagen, wenn es nicht die Gesichter meiner Familie gewesen wären, vertraute, echte Gesichter. Wie schön meine Mutter noch immer war! Sie war in New York in hohem Alter gestorben, aber immer noch schön, mit ihren sprechenden Augen und dem leicht traurigen, in späteren Jahren leicht abwärtsgezogenen Mund, und gleich nach ihrer Ankunft in New York im Jahre 1940 hatte sie einen Posten gefunden und zum ersten Mal in ihrem Leben Böden gescheuert und Wäsche gewaschen. Das hatte sie auf der Höheren Töchterschule nicht gelernt. Ich wollte mich neben sie setzen, aber sie saß ganz umgeben von ihren Geschwistern, sie hockten so dichtgedrängt auf dem Floß, daß ich nicht herankommen konnte. Der Onkel Ludwig saß neben ihr, er hatte noch immer seinen leicht stachligen Schnurrbart und die runde große Nase und das dicke Gesicht und die freundlichen Augen. Er war lange vor 1938 gestorben, und so trug er keinen Heiligenschein wie die sanfte Tante Kary neben ihm, die im Kriege Verschwundene. Ich liebte sie sehr, aber auch im Traum konnte ich nicht vergessen, daß sie ein Blutopfer war. Der Onkel Ludwig, der Behäbige, war kein Blutopfer gewesen, sondern als Prokurist gestorben, ganz plötzlich, an einem Herzschlag, wie man das damals nannte, und alle, die jetzt auf diesem Floß hockten, waren sehr traurig gewesen. Es galt als unfein, vor den Kindern über Geld zu reden, und ganz besonders bei Tisch, denn das Geld hatten ja schon die Großväter und die Urgroßväter erworben. Es war aber klar, auch bei Tisch, daß der Onkel Ludwig kein tüchtiger Geschäftsmann gewesen war. Tüchtigkeit war eine sehr wichtige Tugend, obwohl auf dem Floß in der Traumnacht unter den Toten Tüchtigkeit ganz unwirklich schien. Aber schließlich, auch das Floß durfte nicht untergehen, auch in der letzten Traumnacht vor der Zukunft nicht. Nimm dich zusammen, hätte meine Mutter gesagt, wenn ich sie hören könnte. Nimm dich zusammen, sonst gehen wir unter. Sonst fallen wir der Vergangenheit zum Opfer. Oder der Zukunft. Der Onkel Ludwig war nicht so tüchtig gewesen wie seine Vorfahren, und so starb er als Prokurist in einer der Familienfirmen. Aber er war sehr ehrenhaft gewesen, und das war auch eine sehr wichtige Tugend, bis in die Nacht. Nichts Ehrenrühriges konnte über ihn gesagt werden, höre ich eine Stimme. Es war ein bescheidenes Leben gewesen, das Leben des ehrenhaften nicht sehr tüchtigen behäbigen freundlichen onkelhaften Onkel Ludwig. Selbst eine Heirat hatte man für ihn arrangiert, mit einer ältlichen Cousine aus Brünn, mit leicht vorstehenden Zähnen, und die hieß dann die Tante Ella und sitzt jetzt auch geisterhaft am Rande des Floßes und trägt einen Heiligenschein. Die Tante Fanny war die weitaus älteste Schwester. Ich sehe sie jetzt neben meiner Mutter, die die weitaus jüngste gewesen war, sitzen. Sie war fast noch schöner als meine Mutter, nur daß ihr Gesicht in einer Art ewiger Trauer gefroren war. Sie hatte zwei Söhne im Krieg verloren, einen im Jahre 1914 und einen 1915, und ich hatte sie nie lachen gesehen, niemals, bis zum Abschied nicht, als sie im Jahre 1938 nach Australien auswanderte, wo sie viel später starb. Ob sie in Australien das Lachen erlernt hatte? Sie sitzt auf dem Floß, und ihr schönes zeitloses Gesicht mit seinen regelmäßigen Zügen ist wieder ganz starr. Die zwei toten Buben in ihren k. und k. Leutnantsuniformen hätten ja auch da sein sollen. Vielleicht waren sie unter den Möwen, die unserer im stürmischen Wasser gleich verschwindenden breiten Kielspur folgen. Vielleicht waren sie auf der Fahrt schon verlorengegangen. Sie hatten hübsche Gesichter gehabt, auf den Fotografien, die man mir beständig zeigte, eifrige Gesichter mit schwarzen lustigen Bubenaugen, und sonst gar nichts. Sie hatten Rudi und Ernstl geheißen, das soll auf dem Traumfloß auch nicht vergessen sein, da sie so kurze und spurlose Leben gehabt hatten, denn

Rudi war erst achtzehn gewesen, als ihn die russische Lanze durchbohrte, und Ernstl noch nicht dreißig, als ein russisches Maschinengewehr ihn vom Pferd warf, und immer erwähnte man ihre Namen, als wären sie schon ein Mythos. Sie gehörten in den feierlichen Raum der Familie, wie die Urgroßeltern. Jetzt, auf der Traumfahrt, schien alles feierlich, denn sie waren ja alle tot, oder aber gar nicht mehr feierlich, denn sie schienen so traurig und schwach, und das Erinnern ist zu intim. Aber einige tragen Heiligenscheine, weil sie Blutopfer waren, und der Onkel Ludwig trägt nur eine geisterhafte Uhrkette um die Weste, wie soll man den richtigen Ton dazu finden? Sie sind alle fort, und sie sind eine verzauberte Fahrt lang wieder da, und auf den Ton kommt es gar nicht mehr an, der vertraute Ton ist auch fort, versunken und hörbar kaum als ein Echo von unten.

Und da ist auch die Tante Marie auf dem Floß, nein so was, nach dem Weltuntergang, auf dieser späten Traumfahrt, da ist wieder die Tante Marie da, oder da ist sie noch immer. Vor meiner Mutter sitzt sie, die ältere Schwester. Arbiter elegantiarum hatten wir sie genannt, wir Kinder, denn sie war die höchste Schiedsrichterin gewesen, wie man Gabel und Messer hielt, knickste oder sich verbeugte oder gar die Hand von ungeliebten alten Damen küßte und wie man sich auf einen Sessel setzte, wenn man ein ungeschickter schüchterner kleiner Bub war, und sie selber war immer auf einem Sofa gesessen und hatte übelgenommen, die kleine dürre Witwe mit dem verpreßten Mund und den zusammengekniffenen Augen. Sie war nicht sehr begütert gewesen, auch das wußte man als Kind, und um so mehr auf Gabel und Messer und auf das, was sie aus gutem Haus sein nannte, bedacht. Sie hatte oft übelgenommen vor dem Weltuntergang, und wir waren mit Gabel und Messer nicht tüchtig gewesen. Und jetzt sitzt sie noch immer da, auf dem schwankenden Floß. Gerade rechtzeitig war sie damals gestorben, schon unter den Feinden, aber noch bevor die Blutopfer ihre ungewollten Heiligenscheine erhielten.

Ein anderes Floß sehe ich hinter unserem Wiener Floß hertreiben. Das ist das Floß mit meinen Brünner Verwandten. Mein Vater war Brünner gewesen, aber er war als junger Mann nach Wien gekommen. In Wien hatte er meine Wiener Mutter geheiratet, und in Wien war ich geboren worden. Meine Familie war allzeit die Wiener Familie, die Mutter-Familie. Meine Brünner Familie blieb im Hintergrund. Mein Vater starb einen Monat vor Ende des großen Krieges, an der spanischen Grippe, wie man das damals nannte, und dann wurden gleich die Grenzen neu gezogen, und die Familie des toten Vaters wurde über Nacht zu Ausländern, zu Tschechen. Darum treiben sie jetzt auf ihrem eigenen Floß, im Dunkel kaum sichtbar, hinter uns her. Da ist der Onkel Alfred, der Großindustrielle, der vornehme spitzbärtige

Familienchef, der ältere Bruder meines Vaters. Da sind, ganz schattenhaft, die ewig schwermütige Tante Mizzi, und das wunderhübsche Töchterchen, und alle die schwerbeinigen würdigen verwitweten Tanten mit ihren aufgekämmten Haaren. Ihre Namen scheinen sich zu verwirren. Sie sind ja im Hintergrund, kaum wahrnehmbar im düsteren Zwielicht. Doch alle, alle tragen sie Heiligenscheine. Das Brünner Floß scheint noch wehmütiger und geisterhafter und gleichzeitig noch bürgerlicher als das Wiener Floß, das ihm vorausschwankt. Auf dem sind doch wenigstens einige, die keinen Heiligenschein tragen, meine Mutter zum Beispiel und der Onkel Ludwig und die Tante Marie. Und hier ist doch dieser Fremdling mit seinen höhnischen Augen mit dabei, der Zukünftige Mensch. Da ist nichts Zukünftiges auf dem Brünner Floß, da ist alles ganz und gar Vergangenheit, selbst ihre Sprache.

Ich höre von fern ihre kläglichen Stimmen. Sie klagen mehr als wir. Ist es, weil sie in ihrer kleinen Zitadelle noch mehr Illusionen und Prätentionen hatten als wir oder weil wir uns vor dem Zukünftigen Menschen zusammennehmen? Vor Fremden läßt man sich nicht gehen, war eine von Tante Maries Maximen. Ich höre die Brünner Stimmen wimmern, doch im riesigen Raum ist kein Echo mehr, und nirgendwo gibt es eine Klagemauer mehr, wie die Ururahnen sie gehabt hatten. Es war auch sonderbar, wie lautlos die schwarze See wogte und schäumte, ohne die Stimmen zu schlucken, so daß man hören konnte, was nirgendwo mehr ein Echo oder eine Beachtung fand. Ich erinnerte mich, wie Onkel Alfred im Februar 1938 gesagt hatte: sorgt euch nur nicht, es wird nichts geschehen, die Welt wird das nicht dulden. Nur jetzt nicht davonlaufen, das wäre das Schlimmste, hatte er gesagt. Ihr seid nicht Ratten, und das Schiff sinkt nicht. Österreich wird nicht verschluckt werden, hatte er gesagt, und dann wurde auch er verschluckt, und die Welt mußte es dulden. Ich schaue den Zukünftigen Menschen, diesen unbeteiligten Lümmel mit seinen Technikeraugen, drohend an, so als hätte er irgendwie die Schuld daran, und er blickt, wie über vergangene Blindheit und Torheit triumphierend, herausfordernd zurück, aber wir wechseln kein Wort.

So also fuhren wir auf dem Floß durch die Nacht, und das zweite Floß trieb hinter uns her, und die schwarze See wogte und schäumte. Woher wir kamen, war klar, aber wir hatten kein Wohin und konnten uns keinen gemeinsamen Hafen vorstellen am Ende dieses zeitlosen Zusammenseins. So glaubte ich es in ihren Mienen zu lesen. Es gab auch kein Wann mehr, und ich wußte noch immer nicht, ob ich ein eingeschüchtertes Kind war, das zum hundertsten Mal das Grauen wiederholen muß, oder ein träumender alter Mann auf dem Weg zur Morgendämmerung. War es 1976 in New York oder 1926 in Wien? Ich konnte im Dunkel auch nicht wahrnehmen, wie alt meine Mutter war. Das Jahr meiner Geburt war 1913, vielleicht war es jetzt wieder 1913. Ich wurde auf der Rossauerlände geboren, die man damals Elisabethlände nannte. Das war am Donaukanal. Im Jahre 1914 übersiedelten wir in die Wasagasse zwei, nahe dem Schottentor, wo ich alle meine Wiener Jahre verbrachte, bis 1939, als ich meine Geburtsstadt fliehen mußte, über Passau, Würzburg nach Köln und dann nach Vliessingen und auf einer schwankenden Fähre nach England. Auch diese Fahrt war in meinem zeitlosen Traum, eine Fahrt über einer Fahrt, so wie die Fahrt nach Amerika im Krieg eine Fahrt über einer Fahrt über einer Fahrt war. Und dann waren noch weitere Fahrten da, mit der Eisenbahn, im Auto, im Flugzeug, lange Fahrten, und mit jeder Fahrt schien die Familie tiefer wegzusinken. Nun sitzen wir auf dieser zeitlosen ersten Fahrt, und sie sind alle wieder da, ganz eng, ganz nahe, ganz undeutlich. Die Rossauerlände, die einmal Elisabethlände hieß, liegt am Donaukanal, aber der trübgrüne Schimmer des langsam fließenden Wassers konnte meine erste Erinnerung nicht sein, er war ein trübgrüner Schimmer über einem Halbdunkel, über irgendeinem ersten Blau und erstem Weiß und eine blutrote Schwärze dahinter. Jetzt sehe ich wieder den trübgrünen Schimmer des Donaukanals, und die grauschwarzen Arbeitslosen der zwanziger Jahre hocken an den Ufern.

Wo also anheben? Es war Krieg, 1914, 1915, 1916,

1917. Das waren schwere Jahre für die Familie: als säßen sie auf einem Floß, dicht zusammengedrängt, in der Nacht, an deren Ende aber kein Morgen, sondern die Niederlage sich abzuzeichnen begann, ein anderes Dunkel, ein schwarzer Sonnenaufgang einer neuen unfaßbaren Ordnung. Das war eine andere Fahrt als diese Traumfahrt: sie konnten einander die Hand halten und stolz sein, tapfer sein, gläubig sein, und sie waren nicht ausgestoßen, sondern teilten das Elend des Landes. Es waren schwere Jahre, aber nicht Jahre der Schande. Es waren Jahre, wo man Familie sein konnte. Rudi war gefallen, Ernstl war gefallen, Tante Maries Sohn stand im Feld, Tante Fannys letzter Sohn stand im Feld, und auch mein Vater trug eine Uniform. Er sah ganz fremd aus in dieser Uniform, obwohl es die Uniform war, die alle trugen. Die Knöpfe waren blank poliert, und er hielt sich wie immer sehr gerade. Er war älter als die anderen Männer in Uniform, denn er war mein Vater. Er sitzt steif, mit seinem Zwicker, im Wohnzimmer, eine Weile lang, die Beine überkreuzt, und schaut mich gedankenvoll an, und jetzt ist er wieder fort, jetzt treiben wir wieder auf dem Floß, in der endgültigen Nacht unserer Familie, höhnisch beobachtet vom Zukünftigen Menschen, der so ganz anders aussieht als mein Vater. Zwei silberne Möwen erscheinen, es sind meine würdigen Großeltern, und lassen sich nieder. Es ist November 1916, die langen schwarzen Fahnen hängen die Ringstraße entlang, alle

Glocken Wiens läuten dumpf, sie begraben den Kaiser Franz Josef, es ist ein trauriger Tag für die Familie, sie sprechen mit gedämpften Stimmen, und mit den Kindern will man jetzt gar nicht reden. Der Kaiser ist tot, sagt Ome, die böhmische Kinderfrau. Jetzt ist es 1917, und sie begraben meinen würdigen Großvater, den alten Herrn mit der großen runden Nase und dem weißen Schnauzbart und dem Krückstock mit dem Silbergriff, mit dem er mich auf dem Schottenring zu fangen vorgab. Er hat seine Enkel überleben müssen, sagt meine Mutter, das ist das Schlimmste am Krieg.

Dann ist es 1918, das Todesjahr meines Vaters. Ich erinnere mich an den Lichtspalt unter der Türe, die ganze Nacht lang, und dann öffnete meine Mutter die Türe zum Kinderzimmer, wo wir wach lagen. Das war, als er starb. Und dann ist Umsturz, und Ome, die böhmische Kinderfrau, kommt weinend in das Kinderzimmer und sagt: Kinder, der Kaiser ist fort. Kinder, wir haben keinen Kaiser mehr. Das war der junge Kaiser, nicht der alte. Und dann ist Brünn plötzlich Ausland, ganz und gar abgesperrt sind wir von Brünn, und die Brünner Familie ist auf der Seite der Sieger, und nun, auf dem anderen Floß, uns folgend durch die Nacht, höre ich ihre kläglichen Stimmen, fast wie überrascht, als begriffen sie noch viel weniger als wir. Im Jahre 1919 starb meine Großmutter, die würdige behäbige Dame mit Plastron und Lorgnon und den traurigen welken Zügen über dem Doppelkinn. Meine Großmutter war immer etwas traurig gewesen und mein Großvater immer munter. Meine Tanten und meine Mutter waren immer etwas traurig und der Onkel Ludwig mit seinem stachligen Schnurrbart immer munter. Meine Großmutter kann ich mir gar nicht jung vorstellen, sie kann niemals ein Mädchen gewesen sein, eine Jungfrau vielleicht, aber ein junges Mädchen gewiß nie. Ich kann mir aber vorstellen, selbst im Traum, daß mein Großvater mit seinem weißen Schnauzbart einmal ein kleiner Bub war. Nun sind meine Großeltern wieder fort, zwei anmutige silberne Möwen aufflatternd vom Floß in das salzige Dunkel. Mein Großvater war aus Ungarn gekommen und liebte den Rotwein und hatte Vokale in seinem Deutsch, die noch nach der Puszta klangen. Es ist aber besonders der Tonfall, an den ich mich noch erinnere. Ein kräftiges Auf und Ab, so verschieden von dem Singsang meiner Brünner Verwandten. Mein Großvater war Kaufmann gewesen, und ich hatte immer gehört, daß er an dem großen Aufschwung der Künste und des Handels teilgenommen, ja dazu beigetragen hatte, aber auf die allerehrenhafteste Weise. Nun fuhr er auf keinem Floß durch die Nacht von Trauer und Traum, sondern schlief ehrenhaft auf dem Zentralfriedhof, nur hie und da wiederkehrend als Möwe mit seiner Gattin.

Wir trieben langsam weiter durch die wogende schäumende Flut und schienen nichts Süßes gerettet zu haben. Nichts von unserem Besitztum an Möbeln und Bildern und Krimskrams, aber auch nichts von den hohen Bergen, den schwarzgrünen zackigen Tannenwäldern, den Glocken des Viehs, den Zwiebeltürmen der Dörfer und dem großen Strom und der unvergleichlichen Stadt selber mit den Häusern und Villen, in denen wir gewohnt hatten, mit dem ragenden heiligen Stefansturm in ihrer Mitte und mit all der Musik. Es war noch alles da, aber es war nicht gerettet, und es war nicht mehr süß. Es war jetzt 1922. Das Geld war plötzlich nichts mehr wert. Hunderttausend Kronen für einen Laib Brot, sagte meine Kinderfrau. Und dann sagte sie wieder einmal: wo wird das enden? Die Familie befand es noch immer als unfein, über Geld zu sprechen, auch wenn das Geld nichts mehr wert war, aber ich hörte sie auch sagen: wo wird das enden? Ich erhielt in jenem Jahr auch einen Stiefvater. Der war ein berühmter Röntgenologe. Er sitzt nicht mit uns auf dem Floß, jetzt, obwohl er doch auch längst tot ist. Er gehörte nicht zur Familie. Warum, ist nicht klar. Vielleicht, weil er die Familie nicht mochte. Er war am Aufschwung der Künste und des Handels nicht interessiert, und nie sagte er: wo wird das enden? Jetzt taucht er aus dem Dunkel neben dem Floß auf. Er ist ein riesiger schnaubender Walfisch geworden, obwohl er zu Lebzeiten ein stämmiger untersetzter Mann gewesen war. Ich schaue erschrocken den Zukünftigen Menschen an, aber der blickt auf meinen Stiefvater, der immer größer und näher scheint und der das Floß umzukippen drohte, so als sähe er ein leicht komisches Seeungeheuer. Es war klar, daß mein Stiefvater auch kein Wesen der Zukunft war. Es ist jetzt 1922, und wir sind auf Sommerferien im Salzkammergut.

Alles ist goldene und blaue Berglandschaft, nur der Altausseersee ist tiefgrün, fast dunkel.

Ich bemühe mich unsäglich, meinem Stiefvater zu gefallen, und fürchte mich vor ihm. Er lehrt mich das Fotografieren, wie man einstellt, belichtet, die Entfernung schätzt und dann knipst. Auch das Radfahren brachte er mir damals bei, auf der staubigen Straße hinter dem Bauernhaus, aber mein Unbehagen wurde niemals geringer. Noch jetzt klingt das Walfischschnauben ganz doppelt, bedrohlich und eine Aufforderung, zärtlich und munter zu sein. Dann sind wir wieder in Wien. Die Leute auf der Straße scheinen grau, verkniffen, unglücklich, schäbig. Selbst auf der Ringstraße ist das so. Die Tante Marie hatte den letzten Rest ihres Vermögens verloren, sie war jetzt eine mittellose Witwe. Dem Onkel Ludwig ging es finanziell auch gar nicht gut, und er lachte viel weniger laut. Die Familie war belagert, aber es waren verschiedene Festungen, die sie zu verteidigen hatte. Jemand sprach vom Pleitegeier, vielleicht war es die Kinderfrau, und ich stellte mir den großen finsteren Vogel vor, der über der Döblinger Villa der Tante Kary oder in der Renngasse vor dem Fenster der Tante Marie kreiste. Die einen besuchte er, die anderen aber nicht: so hielt man einander nicht mehr bei der Hand, wie im Krieg. Die einen waren in den Geruch der Armut geraten, und das konnte heißen, daß die anderen ihnen beistehen müssen würden: die Familienbande wurden plötzlich viel lockerer. In der Wasagasse zwei hatten wir den neuen Stiefvater. Über berühmten Röntgenologen kreiste kein Pleitegeier, aber doch saßen wir bedrückt und unsicher in den prächtigen Räumen. Bei Tisch wurde dann endlich das Wort Inflation erwähnt. Ich selber ging täglich auf meinem Schulweg durch die Wasagasse zur Hessgasse und über den Ring bis in den Schottenhof, wo die Volksschule war. Vom hohen Fenster winkte die Mutter mir manchmal nach. In der Schule verhöhnten die Arbeiterkinder mich, weil ich ein Bürger war. Ich wollte gar kein Bürger sein. Es hieß, ständig von der Tante Marie korrigiert zu werden und die Gabel vorsichtig halten zu müssen und häßlichen Damen widerwillig die Hand küssen zu müssen. Es hieß, aus gutem Haus zu sein, aber ich hatte keine Ahnung, was ein gutes Haus in der Wasagasse zwei bedeuten sollte. Es hieß, einen Walfisch von einem Stiefvater zu haben. Die Arbeiterkinder in der Volksschule verhöhnten mich auch, weil ich ein Jude war. Ich wußte auch gar nicht genau, was das bedeutete, und hatte keine Freude daran. Es mußte mehr sein als Religion, denn den Arbeiterkindern lag nichts an Religion. Was mir der düstere alte Religionslehrer mit dem aschigen Bart, den ich als sogenannter Nichtchrist aushilfsweise erhielt, beibrachte, waren hauptsächlich Bibelgeschichten, Adam, die Sintflut, Abraham und ein wenig Hebräisch. Die Familie aber war auf die Wichtigkeit des anständigen Deutschsprechens weit mehr bedacht und sprach fortwährend von den toten Helden des Weltkriegs. Sie waren auch auf ihr Judentum bedacht, wie sie alle das nannten, aber sie klangen bedroht, wenn es erwähnt wurde. Ich wußte nicht, was sie waren, aus gutem Haus und deutsch: und Juden, die von den Arbeiterkindern verhöhnt wurden. Was immer sie waren und nicht waren, sie waren es auf wichtige und warme und breite und lebhafte Weise: so schien es mir. Ich liebte sie und mochte sie nicht. Jetzt, in dieser Nacht des Traums und der Trauer, sitzen wir wieder vereinigt auf dem Floß, und nichts mehr scheint süß zu sein von dem, was wir von jenen Jahren mitbringen. Es sind ja auch keine Gegenstände, nicht einmal eine Truhe. Ganz besitzlos treiben wir durch das Dunkel.

Es war 1923, eine ganze Weile war es noch immer 1923. Ome, die böhmische Kinderfrau, wurde entlassen, weil mein Stiefvater fand, daß wir keine Kinderfrau mehr brauchten. Sie sitzt aber wieder auf dem Floß, Teil der Familientraumfahrt, während der schnaubende Walfisch von einem Stiefvater wieder untergetaucht ist. Nur in der Wasagasse zwei mußte sie ihren zerbeulten

Koffer packen, der ihr einziges Besitztum war, umschnürt von Lederriemen, die ihn vor dem Bersten bewahrten. Sie schluchzte, als sie der lieben ewigen Köchin Pepi und dem vergessenen damaligen Stubenmädchen und der Putzfrau adieu sagte. Eine Abschiedsszene im Kinderzimmer war untersagt, es wäre peinlich gewesen. Meine Mutter sah verwirrt und ängstlich drein, als hätte ein Walfisch sie angeschnaubt. Die Tanten enthielten sich jeder Bemerkung, die Reihen der Familie waren geschlossen. Die Kinderfrau Ome sitzt aber wie gesagt trotzdem jetzt mit ihnen auf dem Traumfloß. Sie hatte sehr hellgraue Augen, mit einem einfachen Licht darin, und eine Sattelnase mit einer kleinen schimmernden runden Kuppe an der Spitze, und das wurde aus unerfindlichen Gründen eine böhmische Gurkennase genannt, aber es war eine der liebsten Nasen der Welt.

Also noch immer 1923, ich muß die Aufnahme ins Gymnasium bestehen. Ich bestand sie. Es war eine fürchterliche Prüfung, die schwarzwogende Flut des Traummeers könnte nicht fürchterlicher sein, aber weder Tante noch Mutter noch Stiefvater noch irgend jemand in der ganzen Familie hatte den geringsten Zweifel gehegt, daß ich sie bestehen würde. Ich war jetzt ein humanistischer Gymnasiast. Das war ein großer Schritt. Wie selber eine Möwe erhob ich mich weg von den höhnenden und hungrigen Arbeiterkindern und wurde aufgenommen auf den Takelungen des großen Schiffs

Bürgertum. Es war auch nicht offenbar, daß das Schiff leck war und daß man Rettungsboote brauchen würde oder Flöße. Auch der Staat, den 1918 niemand wollte, den die Kinderfrau Ome mit Tränen begrüßt hatte und die verwitwete Mutter mit dunklen unbegreifenden Augen, der Staat, der die Brünner Familie von uns getrennt hatte, das kleine Österreich mit seinen wertlosen Kronen schien am Leben zu bleiben. Die Leute mit ihren starren Kriegs-und-Niederlagen-Gesichtern schienen wieder zu lächeln. Die Invaliden hatten gehen gelernt, und die Polizeimänner salutierten mit mehr Selbstbewußtsein. Statt den Bündeln von wertlosen Kronen gab es jetzt einen soliden Schilling. Es war jetzt auch für Kinder klar, daß die Familie nicht mehr reich war, aber wirklich arm war sie doch nicht geworden. Der Häuserbesitz war nicht geschmolzen, und selbst bei der mittellosen Tante Marie in der Renngasse gab es noch schöne Möbel und feine Brötchen zur Jause, und das Fräulein Maultaschel, das sie servierte. Es war auch wieder vorstellbar, daß Wien doch noch der Mittelpunkt des Weltalls war. Große Namen lagen in der Luft. Die Familie sprach mit wohlwollender Ehrerbietung von Schriftstellern, nein, von Dichtern namens Schnitzler und Hofmannsthal. Ein Bruder des liebsten Wahlonkels – wo sitzt der jetzt auf dem Floß, der liebe dicke Wahlonkel Beppo? Oder fliegt er hinter uns her? – war nicht ein Dichter, sondern bloß ein Schriftsteller namens Karl

Kraus, er riß alles nieder und sprach von den letzten Tagen der Menschheit, was doch trotz aller Katastrophen offenbarer Unsinn war, aber er war nichtsdestoweniger nicht nur ein intimer, sondern auch ein berühmter Name: alles Wichtige ging doch von Wien aus. Da war auch um die Ecke von der Wasagasse der beunruhigende Professor Freud, von dem einzig der Stiefvater mit Hochachtung sprach. Gerüchte drangen in die Tantenjausen, daß der Professor Freud nicht an das Familienleben glaubte. Aber er war doch nicht unwichtig, und er gehörte zum Wien der Familie.

Jeden Morgen, vor dem Haustor mit seiner Nummer zwei, statt links zum Schottenhof hin wandte ich mich jetzt nach rechts, zur Wasagasse zehn hin, zum Wasagymnasium ehemals Maximiliansgymnasium. Meine Mutter konnte mir von dem hohen Fenster nicht mehr nachwinken, denn ich überquerte nicht mehr die Maria-Theresienstraße. Im Wasagymnasium empfing mich ein herrliches zweiarmiges Treppenhaus mit majestätischem Antritt. Bürgerschule war ein abschätziges Wort in der Familie, denn in die Bürgerschule gingen die Arbeiterkinder: aber was für eine Schule für angehende Bürger war dieses Treppenhaus doch, auch wenn es zwischen 1923 und 1931 allmählich zu schrumpfen begann, bis es sich fast wie ein Kerker anfühlte. Für angehende Bürger war Englisch noch eine unnütze Sprache, denn wer würde je ausgerechnet Englisch sprechen? Die nützlichen Sprachen hießen Griechisch und vor allem gutes Latein. Statt des verkniffenen kleinen blaßbraunen Volksschullehrers im Schottenhof erschien ein ganzer Gänsemarsch von schwarzgekleideten Gestalten, die Gymnasialprofessoren genannt wurden, ein Deutschprofessor, ein Lateinprofessor, ein Griechischprofessor, ein Mathematikprofessor, ein Geschichtsprofessor und ein Naturwissenschaftler, und selbst der Turnlehrer blieb nicht aus. Die Gänseriche hatten große Macht, aber später, als der Vorfrühlingssturm kam, verflogen sie alle über die kahlen Wälder, und um das Floß der Traumfahrt kreisen sie nicht. Sie bewährten sich gar nicht. In den Hosentaschen hatten sie alle schon die Hakenkreuze verborgen. Acht Jahre lang währte das humanistische Gymnasium, und die Familie hieß es auf das entschiedenste gut und schenkte den Noten die äußerste Aufmerksamkeit von der Renngasse bis nach Döbling. Am Sprechtag sprachen die Gänseriche mit der ernst blikkenden Mutter, aber die Gespräche blieben pro forma. Ganz in der Nähe des Wasagymnasiums übrigens war jenes Haus in der Berggasse, wo der gewisse Professor wohnte: kein Gymnasialprofessor, versteht sich, sondern bloß außerordentlicher Professor der Heilkunde.

Ich kann mich an das meiste in jenem Gymnasium nicht mehr erinnern, es sind alles unvollständige Bilder von Gesichtern und Sätzen, aber was führt man auf einer Traumfahrt nach dem Tod aller Toten denn mit sich?

Nur das überflüssigste Gepäck, ganz gewiß. Nur den beschwerlichsten, den traurigsten, den Ballast von Liebe und Haß. Sorgfältig ausgewählt, was nicht mehr hilft. Fallengelassen, vergessen, was Rückhalt leihen könnte und einen dem Zukünftigen Menschen anähneln könnte auf einer solchen Fahrt, wo Traum und Erinnerung einander ständig fast boshaft zu berichtigen suchen: wo die Erinnerung sagt: das sind alles nur Träume, und der Traum sagt: ich erinnere so und nur dieses.

Das schwarze Meer hat kein Netz, es fängt nichts auf. Man muß sich wieder auf das Floß retten. In jenen Jahren wurde die Familie unheimlich menschlicher. An mich selber will ich mich gar nicht besonders erinnern, das ist jetzt ihre Fahrt durch die Nacht, ich will mit ihnen durch diese Nacht fahren. Aber es gehört zur Sache zu berichten, daß ich aufhörte, klein zu sein, und daß sie gleichzeitig aufhörten, die Großen zu sein. Es war eine schwierige Zeit für mich, die Zeit der ersten platzenden Früchte, die Tante Marie nannte das Flegeljahre, und meine Mutter sagte: du wirst jetzt ein Mann wie dein Vater. Das sagte sie aber nur, wenn mein Stiefvater nicht dabei war. Ich kam mir plötzlich viel älter vor in wildem Weltschmerz, und sie wurden über Nacht alle jünger. Jetzt hat sich das wieder verkehrt: es ist geisterhafte Traumreise, sie sind ganz zeitlos, vorzeitlich, und einige haben sogar Heiligenscheine, und ich komme mir wie ein versagendes Kind vor. Damals aber, als die Kindheit der ganzen Welt mir endete, nahmen die Erwachsenen fast kindliche Züge an. Nur den Stiefvater, den düsteren Walfisch-Beherrscher der Wohnung, nehme ich da aus. Er wollte keine Schwäche zeigen, obwohl er herzkrank und von Röntgenstrahlen zerfressen war. Er schleppte sich mit weißem Gesicht frühmorgens in sein Spital und kam spätabends mit weißem Gesicht erschöpft nach Hause. Das ging so viele Jahre lang, aber das war nicht Familienleben, es sitzt nicht auf dem Floß neben der böhmischen Kinderfrau Ome, es droht von unten, die Mühe der weiterwährenden Welt. Ich schaue traumängstlich den Zukünftigen Menschen an. Der starrt bohrend zurück, als wollte er sagen: ein komisches Tier, aber man braucht Wissenschaftler und Ärzte. Er sagt fast: aber wer braucht jetzt noch Bürger? Fast, aber die schrecklichen Worte kommen nicht über seine kalten Lippen.

Jetzt sind wir also wieder in den zwanziger Jahren, und die Familie wird immer deutlicher. Ihre Gesichter sind näher gekommen, man sieht nicht mehr von unten hinauf, man ist fast ihre Größe. Ihre Gesichter scheinen auch so viel schwächer. Sollte man da denn überrascht sein? Hatten sie schließlich nicht den Krieg verloren und den Kaiser aufgeben müssen? Und wertlos gewordene Bündel von Kronen in den Händen gehalten? Aber konnte man da sagen: Onkel Ludwig, mit deinem stachligen Schnurrbart und deinem lauten Lachen, du bist doch ein wenig beschränkt? Niemals, nicht einmal auf der letzten Traumfahrt, konnte man das sagen, es wäre flegelhaft. Und Tante Marie, warum bist du so übelnehmerisch und besserst einen in einem fort aus? Auch das konnte man nicht sagen, es wäre nicht nur flegelhaft, es wäre geradezu nicht aus gutem Haus gewesen.

Ehen wurden auch nicht mehr im Himmel geschlossen, am wenigsten die zweite Ehe meiner schwermütigen Mutter. Inniger, aber weniger vollkommen schien sie mir, als die Früchte mir zu platzen begannen zwischen der zweiten und der dritten Klasse des humanistischen Gymnasiums. Der Boden war fest in der Wasagasse, die Erdbeben waren in den doppelten Beinen des Buben. Die Wasagasse lief ganz gerade, und die Wohnhäuser standen voll Wohlstand. In der Berggasse senkte sich der Boden zur Porzellangasse hin, wo ein anrüchiges Stundenhotel stand. Die Unsicherheit war nicht nur in den doppelten Beinen des Buben, sondern auch im Gesicht der nicht mehr vollkommenen Mutter, das nicht sagen wollte, was es nicht verheimlichen konnte. Der Stiefvater wurde immer schweigsamer und schlechtgelaunter und sein Gesicht immer weißer. Die Familie war nicht nur ein samtrotes Netz von Geburtstagen und Gemeinsamkeiten der Dinge und Adern, sondern auch eine Fingerring-Kette von Vormundschaften und Vorurteilen. Ehen wurden nicht mehr im Himmel geschlossen, doch auflösbar auf Erden waren sie auch nicht. In der Peter-Jordan-Straße herrschte der glatzköpfige, kleine, rundliche, immer leicht zornige Onkel Edmund. Wie eine schadhafte Trompete klang seine nie verstummende Stimme, aber weder bei Tisch noch in Schlafzimmern wurde widersprochen. Sein Geschäft ging nicht mehr gut, die Herrschaft der Kaufleute war fast schon zu Ende. Der Onkel Edmund aber trompetete weiter, und die liebe Tante Kary schwieg. Sie wußte, daß er seine Freundin auf Reisen mitnahm und als seine Frau ausgab. Zur Auflösung von Bürgerehen war das lange nicht Grund genug. Nichts war Grund genug, nur der Tod. Das geschah erst viel später, als der allmächtige Onkel Edmund plötzlich ins Spital mußte, weil seine Niere versagte. Ich nehme jetzt, in der Nacht, auch seine heimliche Angst wahr, die Angst eines sehr klugen Mannes: im runden Gesicht, im leicht geöffneten Mund und hinter dem scharfen Zwicker, aber niemals, niemals in der Trompete.

Alles wurde also deutlicher, aber zugegeben wurde noch gar nichts. Die Herrschaft der Kaufleute ist jetzt zu Ende, ich will den Zukünftigen Menschen auf unserem Floß das fragen, wie geht das zu, die neue Gesellschaftsordnung ist noch nicht gekommen, aber das Kapital braucht seine Bürger nicht mehr? Das Großkapital kann ganz nackt und brutal ohne diese mittleren Bürger mit ihren Masken und Möbeln und Musiken und Schönheiten und Ehrbegriffen auskommen? Ich enthielt mich der Frage, es war Nacht, es war Traum, es wäre eine Tagesfrage gewesen. Die Tante Kary sitzt mit ihrem Heiligenschein neben mir, mit ihrem langen Gesicht, meine liebste Tante, und der Onkel Edmund taucht jetzt im Kielwasser auf, ein rundlicher Delphin, trompetet, bläst, schnauft, schwänzelt zornig durch die hohen Wellen und verschwindet wieder, und die Tante Kary hebt kaum die Hand, um ihm nachzuwinken. Sie war ihm angetraut worden, als sie ganz jung war, das war der Wille der Familie gewesen, und die ganze Nacht vor der Hochzeit hatte sie in ihrem Kinderzimmer geschluchzt und gesagt nein, ich will nicht, nein, ich kann nicht, und meine Mutter hatte ihre Hand gehalten, das hat sie mir später erzählt. Aber wer war das eigentlich damals, die Familie, deren Wille das war? Was für ein vielgesichtiges Ungeheuer? Es konnten doch nicht meine würdigen lieben Großeltern gewesen sein? Darauf erhielt ich von meiner Mutter nie eine Antwort.

Es war jetzt 1927. Es hatte geschienen, als ob alles wieder fester würde. In Brünn ging es gut. Auch in Budapest ging es besser. Dann fing das kleine Österreich wieder fürchterlich zu wackeln an. Im Sommer wurde der Justizpalast niedergebrannt. Man spielte Generalprobe für die künftigen Bürgerkriege. In der Nähe der Wasagasse gab es Barrikaden, tatsächlich, in der ehemaligen Kaiserstadt gab es das. Die Toten lagen auf der Straße. Es war in der Tat Generalprobe für vielerlei. Der Republikanische Schutzbund marschierte, und Männer mit Hahnenschwänzen auf den Hüten, die man Heimwehrler nannte, traten gegen ihn an. Die Familie war sich durchaus nicht einig, ob sie die Retter des Abendlandes waren, wie der Onkel Edmund trompetete, oder vielleicht am Ende das Gegenteil. Nicht einmal, ob sie nicht etwa doch antisemitisch waren, war sicher. Mein Stiefvater schwieg, aber seine Verachtung für die Bürgerfamilie war sichtbar. Die galt auch meiner schwermütigen Mutter. Es war wahrscheinlich, daß er, wenn er nicht über Röntgenbefunde nachsann, sozialdemokratisch dachte. Meine Mutter dachte an den Erzherzog Rudolf und an Mayerling und an die Kaiserin Elisabeth. Bei der Tante Marie und der Tante Fanny war man christlich-sozial, beim Onkel Ludwig aber auf das Essen eingestellt und eher unpolitisch. Die Politik wurde jetzt auch ein unfeiner Gegenstand, wie das Geld. Ich wurde ein Mitglied der sozialdemokratischen Arbeiterjugend, von der die Rettung des Abendlandes ausgehen sollte. Ich fürchtete mich aber noch immer vor Arbeiterkindern und hatte die Schottenschule nicht überwunden. Ich begann die Huren auf der Währinger Straße zu bemerken.

Es war 1928 und 1929. Die Sommer im Salzkammergut hatten einen Schimmer von Zeitlosigkeit, der von den Bergen kam. Solche Berge kann man auf keinem Floß durch die Nacht der Zeit mitnehmen, sie rühren sich nicht von der Stelle. Wir gingen noch immer nach Altaussee, wo das kleine Haus war, zur Sommermiete.

Es lag an den Hängen, die zum Loser hinaufführten. Der Loser war von allen Bergen der allerschönste. Er war auch der wichtigste, er hielt das Dorf und den See in seinem Schatten. In der Ferne war der Dachstein, mit seinem silbernen Gletscher, aber an Regentagen war er verschwunden. Den Loser gab es immer, er war der Bruder des Stefansturms in seinem Feststehn, auch wenn die Republik wankte.

Die Familie war sich nicht einig, nicht nur, was die Welt anbelangte, sondern auch, was ihre Beziehungen zueinander betraf. Aber die Ketten, die sie zusammenhielten, waren wie aus goldenen Ringen geschmiedet bei der Erschaffung der Welt. Jetzt sind diese Ketten wie aus sprühendem Schaum und salzigen Tränen, aber die Schatten sind sich jetzt einig, sie hocken auf dem Floß, als wären sie eins. Die Möwen ihrer Vorfahren umflattern sie jetzt, aus Böhmen, aus Ungarn, aus der Slowakei, es gibt ein Gekreische. Das ist die Erschaffung ihrer kurzen Bürgerwelt, die in der Sintflut ertränkt ist.

Sie waren sich gar nicht einig, oder vielleicht war Uneinigkeit deutlicher sichtbar in den Jahren, die jetzt kamen. Es war aber nicht wichtig, wer mit wem verstimmt war oder wer über wen schnippische Bemerkungen machte. Es war nicht wichtig, daß ich die Tante Marie weniger mochte als die Tante Kary und die Tante Fanny nicht oft genug besuchte. Es war nicht wichtig, aber sie selber waren doch wichtig. In der Nacht nach der Sintflut scheinen sie ganz gering im Sturm, aber sie waren doch wichtig. So sind sie gewesen, wollte ich dem Zukünftigen Menschen zurufen, das haben sie erfahren, war das nicht etwas Besonderes in allen den Kombinationen der langen Menschengeschichte, war das nicht ein lächerlich-glorreiches Unterfangen, das sie da aufführten, diese kleine kurze Welt ihres Wertes? Ich wollte dem Zukünftigen Menschen das im Traum zurufen, aber ich enthielt mich noch immer der Rede.

Die Uhren begannen jetzt schneller zu gehen, und zwar alle Uhren in allen Häusern der Todgeweihten, und da konnte keiner der Jungen der Tante Marie aufmüpfig sagen: deine Uhr geht nach, und sie konnte auch nicht spitz antworten: ihr Buben habt immer vorgehende Uhren, könnt ihr nicht wenigstens eure Uhren richtig stellen? Denn niemand wollte etwas voraussehen: unbeachtet beschleunigten sich die Uhren in der Relativität jener Zeit. Plötzlich, im Jahre 1929, brach die Bodenkreditanstalt zusammen. Es war nicht unfein, davon sehr besorgt zu reden. Das war nicht mehr Geld. Das war, wie wenn der Kahlenberg eingebrochen wäre und ein Loch im Wienerwald hinterlassen hätte. Der allmächtige Bundeskanzler Seipel, über den man sich auch sehr uneinig war, renkte das wieder ein, aber es hatte abermals sehr bedrohlich gewackelt. Man sollte die Uhren richten, aber nachdem man die Uhren auf das letzte Stück Zeit gerichtet hatte, was sollte man dann tun?

Schnell ein wenig Geld in die Schweiz schaffen? Und wer sagte, daß die Schweiz die große Ausnahme in der Sintflut sein würde? Und Geld in die Schweiz zu schaffen, das war ja auch unfein.

Beunruhigende Nachrichten kamen aus Deutschland, und selbst in Amerika krachten die Banken, obwohl Amerika ferner schien als der Neumond. Man nannte das Wirtschaftskrise, es war ein bedrückendes Wort, fast so bedrückend wie der Kehrreim: wir haben eben den Krieg verloren. Denn niemand sagte noch: wir sind verloren, und schließlich, Amerika hatte den Krieg doch nicht verloren, und auch dort ging alles drunter und drüber. Es wurde auf die Uhren geschaut, aber man tat das, weil man zu den Hochzeiten und Begräbnissen und Opernaufführungen pünktlich sein wollte. Auch keine Züge in das Salzkammergut wollte man versäumen. Wichtigkeiten blieben wichtig. Die Zimmer mußten saubergehalten werden, und der Untergang der Gesellschaft durfte die Stubenmädchen und Putzfrauen nicht zur Faulheit verleiten. Die Möbel sollten zeitlos sein, auch wenn die Wände schäbig und sonderbar undicht zu werden schienen. Der richtige Ton sollte weiter herrschen, bei der mittellosen, aber unnachsichtigen Tante Marie in der Renngasse vor allem. Man darf sich nicht gehenlassen, waren ihre Worte. Niemand durfte sich gehenlassen, aber alles ging schneller, schneller. Was sollte aus Deutschland werden, wo die Arbeitslosen wieder Schlange standen, in endlosen schwarzen und grauen Zügen? Und was aus dem armen Österreich, wo die Leute anfingen, einander mit haßerfüllten Augen anzustarren? Auch auf die eifrigen Gesichter der Familie fielen die haßerfüllten Blicke. Bürgerkrieg war in der Luft, und hinter dem Bürgerkrieg war Pogrom, aber die Luft roch süß von Flieder, am Heldenplatz, im Volksgarten, im Rathauspark und in ganz Döbling, und die Zeit war voll von Kirchenglocken und Feiertagen. Wir schauen mit nachterfüllten Augen zurück: es war die Zwischenzeit. Es war nun 1930 und 1931. Das Wichtige war noch immer wichtig, es war das Essen wichtig, jeden Tag, mit den richtigen Tischmanieren und dem richtigen Geschirr und den richtigen Worten, wichtig war das Besitztum, das man nicht erwähnen durfte, wie es die Urgroßväter erwähnt hätten, die es erworben hatten, und das Besitztum begriff jede gestickte Borte und jedes Polster und jedes Bild an der Wand mit ein, und die Familie war wichtig, und eigentlich alles Lebende war wichtig, und die Toten waren auch wichtig, sehr wichtig. Ich sehe jetzt das Fräulein Maultaschel am Rande des Floßes sitzen, es ist sonderbar, daß die Wellen sie nicht naß machen, daß sie so trocken und traurig dasitzen kann, und so wirklich ordentlich, wie sie immer ordentlich war, als sie am Rand der Familie dasaß. Zuerst war sie Erzieherin für den kleinen Sohn der Tante Marie gewesen, lange vor 1914, und darum nannte man sie auch jetzt Fräulein Maultaschel und nicht etwa beim Vornamen. Der Sohn ist längst fort, aber Fräulein Maultaschel blieb doch bei der Tante Marie, der mittellos gewordenen, aber unnachsichtig gebliebenen Gnädigen Frau, wie sie sie ein ganzes Leben lang nannte, und eine würdevollere, ordentlichere Haushälterin hat es nie gegeben, und das blieb sie, bis sie ganz alt war, mit ihrer weichen Stimme irgendwo aus dem Niederösterreichischen, und am Ende starb sie ganz mutterseelenallein irgendwann um 1945, als die ganze Familie schon weg oder tot war, aber jetzt sitzt sie doch wieder auf dem Floß und treibt mit durch die Nacht mit ihren wässerigen Augen und dem faltigen zarten verwüsteten Gesicht ihrer Treue. Meine Cousine Hella sitzt neben ihr, das ist die Tochter der Tante Kary, mit ihrer dicken Brille vor den kurzsichtigen Augen, unhübsch, leicht gekrümmt und schüchtern, und sie trägt jetzt einen Heiligenschein. Als sie sich verlobte, 1930, da waren zukünftige Heiligenscheine auf keinen Köpfen sichtbar, etwas Schreckliches war dünn in der Luft, doch der Flieder roch stärker. Sie verlobte sich mit einem angenehmen jungen Mann, das heißt, er hielt um ihre Hand und ihre Mitgift bei dem trompetenden Onkel Edmund an. Dann gab es Skandal. Die Tanten erhoben die Stimmen. Er sei ein unverläßlicher junger Mann, ein Abenteurer, ein Mitgiftjäger. Mitgift war gang und gäbe, alle Tanten hatten ihre Mitgift bekommen, selbst die Mutter der Cousine Hella, die die ganze Nacht vor ihrer Hochzeit geschluchzt hatte, aber eine Mitgift war nur für verläßliche junge Männer da, Mitgift war nichts für Mitgiftjäger. Der Onkel Edmund hatte eine Freundin, es lag ihm nichts an der Familie, am allerwenigsten an einer Tochter, aber Abenteurer durften nicht geduldet werden, nicht aufgenommen werden in die Familie. So wurde die Verlobung rückgängig gemacht. Die Familie war im Garten versammelt, hinter der Villa in der Peter-Jordan-Straße, Hella weinte ein wenig hinter ihrer dicken Brille, aber sie widersprach nicht, weder dem Vater noch den Tanten, es war ein Frühlingstag, der Goldregen blühte, und dann begann es zu gießen, und alles zog sich eilig zurück in das Speisezimmer, hinter die färbigen Nürnberger Scheiben, und man trank Kaffee mit Schlagobers. Hella entschuldigte sich mit belegter Stimme, fast so, als wenn alles ihre Schuld wäre, und ging auf ihr Zimmer. Es war ein großer Sieg für die Familie, ein Sieg über alle unverläßlichen Mitgiftjäger. Der junge Mann heiratete eine andere und entfloh später rechtzeitig mit ihr, die dann keinen Heiligenschein tragen mußte wie Hella. Er blieb auch in New York ein verläßlicher Gatte.

Es war jetzt 1931. Ich bestand mit unsäglichem Schweiß die Reifeprüfung. Der Matura-Ausschuß, unter dem Vorsitz eines steifkragigen Hofrats, schien nicht aus Gänserichen zu bestehen, sondern aus riesigen schwarzen Kormoranen, wie man sie in den Donauauen sieht. Sie schienen im Unisono zu krähen: wenn du jetzt durchfällst, bist du unten durch, dann bist du nicht mehr vom Stande. Ich war ein Mitglied der sozialdemokratischen Arbeiterjugend, aber ich wollte vom Stande bleiben und im Stande sein. Dann rief mich mein Stiefvater abends in sein Arbeitszimmer und teilte mir mit, daß ich Medizin studieren würde. Ich stammelte etwas, daß mir die Medizin nicht läge, und wurde mit einer verächtlichen Handbewegung entlassen. Ich ging verwirrt und mit hinuntergewürgten Worten auf mein Zimmer, so wie Hella auf ihr Zimmer gegangen war, nur daß mir kein Heiligenschein zugedacht war, bloß eine lange Reise. Bürgersöhne gehorchten nicht nur ihren Vätern, sondern auch ihren Stiefvätern. Es wäre gar nicht notwendig gewesen, der reiche Onkel Alfred in Brünn hätte mich nicht verhungern lassen. Niemand hätte mich verhungern lassen, die Tanten nicht, die ganze Familie nicht. Aber Ungehorsam hätte niemand gutgeheißen, auch der Onkel Alfred nicht, nur die sozialdemokratische Arbeiterjugend vielleicht in den unruhigen Vororten, der ich angehörte, aber nicht zugehörte. Ich wurde ein sehr schlechter Mediziner, und die verächtlichen Handbewegungen nahmen schnell zu.

Es war schon 1932. Der Sommer in Altaussee war wieder ganz zeitlos, und der Loser stand noch immer ganz still. Es war ein sehr schöner Sommer. In Deutschland ging jetzt die Zwischenzeit zu Ende. Das Unabsehbare stand ganz absehbar vor der Türe. Es schrie seine heiseren Schreie in allen Straßen und selbst im Reichstag. Verrecke, schrie es, Juda verrecke. Das war eine unfeine Ausdrucksweise. Das Unabsehbare stand in Deutschland vor der Türe, doch die Türen der Bürgerhäuser, deren Einwohner verrecken sollten, wurden in Wien noch immer von Stubenmädchen geöffnet, die, wenn sie jung waren, zu knicksen pflegten. Nur bei der Tante Marie öffnete Fräulein Maultaschel selber die Türe, denn Tante Marie hatte keine anderen Hausgehilfinnen. Es war auch noch immer üblich, sich anzumelden. Das war die Fahrt durch das letzte Tageslicht der Zwischenzeit, hinein in das Unabsehbare. Der Dichter Schnitzler und der Dichter Hofmannsthal waren abgetreten von der Bühne der Zwischenzeit. Man hatte geglaubt, daß sie große Neuerer gewesen wären, aber es begann sich herauszustellen, daß sie letzte Leute waren. Die Salzburger Festspiele gingen weiter, aber es stellte sich heraus, daß sie keinen Aufschwung der Künste und des Handels bringen würden. Mit dem Aufschwung war es aus, aber es war doch wichtig, daß es mit der Vergangenheit noch nicht aus war. Ein kleiner Mann namens Engelbert Dollfuß erschien auf der Szene, mit dem niemand viel anzufangen wußte, nicht einmal die Tante Marie. Er fing verzweifelt scharf zu regieren an, und alle Gesetze wurden aufgehoben, das hieß die Verfassungsgesetze und Bürgerrechte, aber nicht die Gesetze, die das

Besitztum der Besitzenden betrafen. Die großen Dichter waren letzte Leute gewesen, aber war man nun selber ein Letztes? Trieben wir schon, während die Sonne noch schien und wir alle lebendig waren, auf einem Floß durch die Nacht, der Austilgung überantwortet? War ein solches, wie wir es waren, gar nicht mehr möglich, nie möglich gewesen? Wie kann man so etwas auch nur denken, sagte meine Mutter. Das kommt, weil du in der Anatomie durchgefallen bist, so etwas deprimiert einen. Der eigentliche Feind ist der Bolschewismus, sagte die Tante Marie. Und das mit dem Schwanengesang, sagte meine Mutter, wie kann man da von Schwanengesang reden, wenn in Wien so viel moderne Musik geschrieben wird? Der Krenek und der Schönberg zum Beispiel.

Um diese Zeit starb der Onkel Ludwig. Jetzt sitzt er so lieb und breit, aber ganz grau auf dem Floß und lacht nicht mehr. Er pflegte sein ganzes Leben lang zu lachen, aber er war auch öfters ängstlich. Er empfand es als besonders unvorsichtig, Vanilla-Eiscreme zu kaufen, besonders von dem unverläßlichen italienischen Rollwagenverkäufer vor der Votivkirche. Er starb ganz plötzlich, und Tante Fanny fand, daß er das gut gemacht habe. Es war ein sonderbares Lob. Ich sitze mit ihm auf dem Floß des Traums und der Trauer und weiß gar nichts von ihm, außer daß er eine stete majestätische Anwesenheit war vom ersten Tag an und nicht als sehr tüchtig galt, aber als sehr gut und ehrenhaft und daß er dann die

Tante Ella heiratete mit ihren leicht vorstehenden Zähnen und daß er das Oberhaupt der Mutter-Familie wurde, als der Großvater starb, aber daß das keinen Aufschwung der Familie mit sich brachte und daß er am Schottenring wohnte und daß die Wohnung voll von schweren Möbeln, altmodischen Bildern und vielerlei Krimskrams war. Er hatte ein schönes Begräbnis. Solche Begräbnisse waren Familienfeste. Es wurde nicht viel geweint, sondern auf würdiges Betragen Wert gelegt. Solche Begräbnisse waren auch wiederholte Erklärungen, daß man wichtig war und erinnert werden sollte, solange es Familie gab und die marmornen Grabsteine, die alle in demselben Viertel des großen Zentralfriedhofs standen. Es wurde damals noch angenommen, daß alle, die hinter diesen Särgen hergingen, auch selber auf dem Zentralfriedhof bestattet werden würden. Das sollte aber nicht der Fall sein. Es schien übrigens damals mehr Begräbnisse als Hochzeiten zu geben, und ich kann mich an gar keine Geburten erinnern. Die Tante Ella war nun eine Witwe, eine bescheidene, plappernde, zufrieden scheinende Witwe mit leicht vorstehenden Zähnen. Sie liegt nicht auf dem Zentralfriedhof, sondern trägt jetzt den gräßlichen Heiligenschein, der ihr so gar nicht steht. Ich wollte, sie müßte ihn nicht tragen, sondern wäre jetzt eine Lachmöwe oder eine Meerschwalbe und erhöbe sich und verließe das Floß. Sie sitzt aber ganz still und stumm.

Dann war es 1933. Auf Deutschland fiel jetzt der blutige Schrecken. Daß dies der Schrecken war, der alle ihre Häuser verschlingen würde und sie verstreuen sollte als bettelarme Flüchtlinge über alle Erdteile, die nämlich, die entfliehen konnten, und die anderen zu Blutopfern machen würde mit den Heiligenscheinen ihres Zeugentums und ihrer Unschuld, das überstieg doch ihre Ahnung, das konnten sie doch nicht wissen, und welche von ihnen zu dem einen Los und welche zu den anderen Rollen bestimmt waren, das konnten sie auch alle nicht wissen, die lieben, nicht ganz ernstzunehmenden Leute, die wenig voneinander verschieden waren und erst so verschieden sein sollten auf ihrer letzten Strecke ohne Grund, diese lieben Leute mit ihren familienähnlichen lebhaften dunkeläugigen Gesichtern, die jetzt auf dem Floß des Traums geistern, einige mit und einige ohne das schreckliche Licht um ihre ordentlichen gepflegten Köpfe. Auf Deutschland fiel jetzt der blutige Schrecken, aber er blieb bei Passau stehen. Das kleine Österreich, Erbe des großen, war jetzt eine Festung – eine Festung allerdings schon ganz voll von den Feinden. Daß dies nicht lange dauern konnte, das war ja klar, nur sagen durfte man das nicht. Es wäre die unziemlichste Bemerkung gewesen. Schwarzseher wäre man genannt worden oder, schlimmer, Defätist. Mit dem blutigen Schrecken kann nur die alltäglichste Sprache fertig werden, wenn man zur Familie gehören will und nicht ein ausgestoßener gegeißelter Bote der unaussprechlichen Wahrheit sein will. Nur mit der alltäglichen Treue zum eigenen schnell schwindenden Da- und So-Sein kann man mit dem blutigen Schrecken fertig werden, und so wurde resolut weitergemacht, und niemand bereitete sich auf irgendeine Flucht vor, niemand schaffte Geld ins Ausland, und niemand lernte Englisch. Das galt zumindest von dieser Familie. Meine Mutter nahm Bridge-Stunden, denen sie aber kein rechtes Verständnis abgewann, denn nach mehreren Stunden fragte sie etwas verwundert: was ist das eigentlich, ein Stich? Zwischen meiner Mutter in der Wasagasse und der Tante Marie in der Renngasse herrschte eine zeitweilige Verstimmung, die vom Benehmen des Onkel Beppo verursacht wurde. Onkel Beppo war Wahlonkel, der liebe, aber selbstverständlich platonische Freund meiner Mutter. Er hätte mir einen besseren Stiefvater abgegeben als mein Stiefvater und meiner Mutter einen besseren Mann. Er war warmherzig, witzig, gemütlich und klug. Aber er hatte eine Frau, wenngleich, wie man damals sagte, nur pro forma oder, wie sie selber sagte, eine, die ihn herzensgerne losgewesen wäre. Das aber kam nicht in Frage. Wir schauen mit nachterfülllten Augen zurück: so war das. Nennt man das Humor, wenn man sich daran erinnert, weil der Abstand so groß ist oder die Liebe so tief ist? Der Onkel Beppo also hatte den Sohn der Tante Marie schlichtweg aus seiner Firma entlassen, in der er ihn probeweise angestellt hatte. Der Sohn der Tante Marie hatte mehrere probeweise Anstellungen hingenommen, seit er als k. und k. Leutnant im Jahre 1918 zurückkam. Der Sohn der Tante Marie sitzt nicht auf dem Floß dieser Nacht, denn er ist noch am Leben, in Südamerika, so wie ich angeblich noch am Leben sein werde, wenn ich aus diesem Traum je aufwache. Der Sohn der Tante Marie hatte sich in der Firma des Onkel Beppo nicht bewährt, und der Onkel Beppo war sarkastisch gewesen. So spricht ein Herr nicht zum andern, hatte die Tante Marie gesagt, und meine Mutter hatte das übelgenommen, und die Tante Marie hatte ihr das Übelnehmen übelgenommen. Das Wort von der mangelnden Kinderstube mußte in jenem Zusammenhang wieder gefallen sein. Es war ein häufiges Wort im Sprachschatz der Tante Marie. Die Kinderstube war ein kleiner Innenraum, den man zeitlebens mit sich trug: er hatte nichts zu tun mit der Kinderstube, in der man an regnerischen Nachmittagen Schaukelpferd geritten oder vielleicht sogar die ersten Eisenbahnen zusammengesetzt hatte. Diese letztere Kinderstube hatten der Onkel Beppo und seine zahlreichen Brüder, einschließlich des berühmten, in Gitschin unzweifelhaft besessen: die erstere aber angeblich nicht. Ich kann sie mir im Traum nicht mehr vorstellen. War sie vielleicht gar nicht so klein, diese innere Kinderstube, sondern so groß und überladen wie sämtliche Wohnungen der Ringstraße zusammen? Der Onkel Beppo fliegt jetzt wie ein riesiger Vogel um das Floß, ich kann nicht ausmachen, was für ein Vogel er ist. Er ist einer von den Verschwundenen, er verließ Wien noch zur Zeit, aber ich weiß nicht, wo und wann er gestorben ist und ob es in einem Bett war.

Der Sohn der Tante Marie ist jetzt ein sehr alter Herr in Südamerika, aber er ist noch immer ein k. und k. Leutnant. Er ist noch am Leben, so wie viele aus jenen Jahren noch am Leben sind, aber es sind nur die Toten, mit denen ich durch die Nacht treibe, nur die Toten. Sie sind es, die alles lebendig machen, was damals lebendig war. Älter können sie nicht mehr werden, nur fremder, weil sie in ewige Trauer getaucht sind und weil die Fahrt gegen Morgen geht. Ich möchte sie jetzt auch mit Humor anschauen, aber meine Augen sind nachterfüllt. Die Tante Marie war verstimmt, und in der Peter-Jordan-Straße war die Stimmung bedrückt, weil der Onkel Edmund äußerst schlechter Laune war. Auf einer seiner Geschäftsreisen war etwas schiefgegangen, aber man wußte nicht was. Die frisch verwitwete Tante Ella auf dem Ring schien frisch. Sie plapperte unablässig, und jetzt, da sie so still ist, weiß ich nicht, wovon. Sie wurde von den Tanten und meiner Mutter mit einer gewissen Herablassung behandelt. Ich fiel in der Physiologie durch und empfand ein zielloses Gefühl von Scham und Erleichterung. Ich war auch sehr verliebt, in eine Medizinstudentin, die ihrerseits an einem Medizinstudenten interessiert war, der nicht in Physiologie durchgefallen war. Das Gesicht meines kranken Stiefvaters, der sich täglich zur Arbeit schleppte, wurde immer weißer und grimmiger. Er sprach auch immer weniger und über die Zukunft gar nicht. Der Retter des Abendlandes war jetzt der Bundeskanzler Engelbert Dollfuß, der mit einer hohen und schrillen Stimme alle zum Durchhalten aufrief. Selbst der berühmte und gefährliche Karl Kraus, der Bruder des Onkel Beppo, erklärte, daß es mit der Sozialdemokratie aus sei und man sich geschlossen hinter den kleinen Mann stellen müsse. In dieser Beziehung war er auf seine alten Tage ganz einer Meinung mit der Tante Marie. Es war aber durchaus nicht die Meinung der Bevölkerung, und wenn jemand in das erste Wirtshaus gegangen wäre, hätte er das gleich vernommen. Aber niemand von der Familie ging je in ein Wirtshaus, auch ich nicht. Wir wußten nicht einmal oder wollten nicht wissen, was in den Küchen gesprochen wurde. Nur Tante Maries Fräulein Maultaschel mit ihrem zerknitterten Gesicht voller Traurigkeit in den wässerigen Augen war ganz durchsichtig.

Wir treiben noch immer durch die Nacht, wie lange müssen wir noch so durch die Nacht treiben, nicht wie die krampfstöhnenden Verdurstenden und Verhungernden auf dem Floß der Medusa, sondern blasse Trauergeister aus einer Vergangenheit, die eben noch Gegenwart war und jetzt so weit zurückliegt wie die Erschaffung der Welt? Es ist jetzt Februar 1934, Bürgerkrieg, Blut in den Straßen, man hört Artilleriefeuer in der Vorstadt, Maschinengewehre beim Ring, Generalstreik, Galgen – ist das schon das Ende unserer Gesittung? Generalprobe ist das nicht mehr. Auch einige von der Familie sind dabei, auf der Seite der Regierung nämlich, zum Beispiel der k. und k. Leutnant der Tante Marie. Auch der überlebende Sohn der Tante Fanny, der eigentlich Architekt ist, führt jetzt plötzlich Krieg und schießt in die meisterhaft gebauten Arbeiterhäuser der Vorstadt. Ich hätte auch gerne zum Gewehr gegriffen, auf der anderen Seite natürlich, und hätte unbekümmert auf meine Vettern geschossen, aber ich hatte nicht schießen gelernt, nur Latein und Griechisch. War das auch das Ende der Familie? Noch nicht, die Ketten von Blut und Geschmack und Erinnerung hielten noch, sie rissen noch nicht, denn sie waren auch die Ketten des Gegebenen und des Gehabten. Es war also Bürgerkrieg in der Familie und im ganzen Land, es war Februar 1934, der elektrische Strom war ausgegangen, die ganze Stadt lag im Dunkel, mein Stiefvater saß lautlos im Wohnzimmer und horchte auf das Gewehrfeuer in den Straßen, ich saß tatenlos, waffenlos neben ihm, eine ganze finstere Nacht lang, aber ich wußte, daß er auf meiner Seite war und nicht auf der Seite der Henker und Retter. Es war eine Brücke, doch wir konnten mit Worten sie nicht überqueren. Dann war es vorüber, das elektrische Licht ging an, die Sozialdemokratie war vernichtet, zumindest in den Wohnzimmern, denn man brauchte nur in die Küchen zu gehen, um das Gegenteil zu erfahren. Man erfuhr aber nichts in den Küchen, auch nicht, wie sehr das andere, das von Deutschland her, anwuchs. Es begannen die Jahre des Verschweigens. Die Köchinnen und die Stubenmädchen und die Putzfrauen verschwiegen, der Hausbesorger verschwieg, und die Leute in den Straßen waren undurchsichtig und unliebenswürdig. Wie Hohn klangen die unablässigen Walzer: später klangen sie, als wären sie Nänien. Auch in der Familie wurde jetzt über vieles geschwiegen: es kam zu keinen Auftritten. Denn wenn man auch keineswegs einmütig zum Dollfuß stand, mußte man doch eindeutig zueinander stehen. So fühlt sich das nach auf diesem Traumfloß der Nacht, noch immer ist diese Einmütigkeit da auf dem stürmischen Meer, und noch immer wird geschwiegen. Dann starb der Onkel Edmund an seiner Niere und hatte sein würdiges Begräbnis, und einmütig wurde hinter seinem Sarge gegangen, und es gab keine unfreundliche Nachrede. Es kam dann der Frühling, und in dem eben noch durchkämpften Prater blühten die Leberblümchen und dann die Veilchen, dieser Frühling des Jahres 1934 erscheint besonders deutlich auf dieser Traumfahrt. Ich fiel abermals in Anatomie durch, und das war das Ende meines Medizinstudiums. Mein Stiefvater schaute mich groß an und sagte: du Trottel. Das war das letzte Wort, das er in seinem Leben an mich richtete, aber Bürgerknaben ziehen nicht aus, Bürgerknaben bleiben in den Häusern, in denen sie aufgewachsen sind, und so blieb ich in dem Haus voll von eisigem Schweigen. Meine Mutter schwieg auch, sie tupfte sich die feuchten Augen und biß sich die Lippen, aber sie wollte nichts sagen. Es war auch ganz ungewiß, wohin ich hätte gehen sollen, in allen Ländern mehrten sich die Flüchtlinge aus Deutschland, und in Wien wollte ich kein Flüchtling werden, in irgendeiner Bude mit Sturmverbot. Ich wollte eigentlich sterben, in meinem eigenen Bett nämlich, aber so schnell ging das nicht, und ich bin immer noch am Leben, unzählige Betten später, auf diesem Traumfloß der einzige noch am Leben. Mein Stiefvater taucht jetzt auf, ein Walfisch, und ich weiß nicht, ob sein Schnauben bedeutet: du Trottel. Ich höre jetzt meine Brünner Familie vom anderen Floß her klagen und wimmern. Sie spielten genauso eifrig Bürger wie wir, aber was sie damals dachten, in ihrer wankenden Festung, weiß ich nicht. Ich wollte damals auch nach Brünn übersiedeln, oder sogar nach Prag, wo man auch deutsch sprach, was mir wichtiger schien als alles andere, aber es wäre nicht opportun gewesen, wie der Onkel Alfred sich auszudrücken pflegte. Mein Besuch bei ihm in Brünn war kurz, förmlich und überschattet von Schweigen. Jetzt höre ich ihn und sie alle wimmern. Es klingt wie: warum, warum, warum wußten wir gar nichts? Ich kann aber nicht deutlich ausmachen, ob es das wirklich ist, was sie sagen wollen.

In Wien war ich ein Anlaß zu Verlegenheit: ein durchgefallener Student, das war ja sehr peinlich. Nur die Tante Kary, der an Erfolg und Versagen nichts mehr lag, war zärtlich und verständnisvoll. Ich ging öfter in die Peter-Jordan-Straße. Der Garten war voll von Goldregen, und zwei Ribiselsträucher trugen dort Beeren.

Dann gab es wieder Bürgerkrieg, es war Juli. Der Bundeskanzler Dollfuß wurde ermordet, diesmal floß mehr Blut in der Provinz als in Wien, und wieder gab es Galgen. Der Nationalsozialismus in Österreich war jetzt vernichtet, aber in jeder Küche und in jedem Wirtshaus hätte man eines anderen belehrt werden können. Die Gesichter der Leute in den Straßen wurden noch undurchsichtiger und noch unliebenswürdiger. Die Walzer, die zu Nänien geworden waren, klangen jetzt fast schon wie Henkersmusik. Der neue Retter des Abendlandes hieß Schuschnigg, ein nervöser Mann ohne Schärfe in seiner Stimme. Insbesondere die Tante Marie setzte große Hoffnungen auf ihn. Ich beschloß, Kunstgeschichte zu studieren. Mein Stiefvater enthielt sich jeder Äußerung, so als wenn ich tatsächlich gestorben wäre, aber meine Mutter sagte, mehr klagend als vorwurfsvoll: aber das hat doch keine Zukunft. Das war nun in jeder Beziehung und auch buchstäblich wahr, aber es war eben das, was diese Kunstgeschichte so unvernünftig wunderbar machte. Sie schien, mit ihren Zwiebeltürmen und färbigen Bildern, ein letztes Geschenk von alter Freude auf dem immer schnelleren Marsch in die kommende Nacht. Und da erschlossen sich einem selbst die Dörfer, in denen die jetzt feind gewordenen Mitbürger hausten. Wissenschaftliche Denkweise war das allerdings nicht. Und das der Familie zu erklären wäre töricht gewesen. Ja fast wie Verrat an der Verteidigung ihrer Festung. Ich wußte es auch selbst nicht so klar, wie es nachterfüllte Augen, rückwärts blikkend, dann sehen. So also begann ich mit untergegangenen Sonnen zu spielen, wie ich es noch immer tue. Sie aber, die Familie, hielt an der ungeheuren Annahme fest, daß die Sonne am nächsten Morgen aufgehen würde, weil sie jeden vorausgegangenen Morgen aufgegangen war; und daß sie daher alle am Leben sein würden; und daß daher auch ihr Spiel dauern würde, gewährleistet von dieser Sonne. Jetzt ist es Nacht auf wogender Traumsee, und ihr Einverständnis mit der Sonne ist gekündigt: denn für sie ging eines Morgens die Sonne doch nicht mehr auf. Sie spielten ein immer unmöglicher werdendes Spiel, so möglich sie sich auch betrugen, das Spiel von sich als den großen Bürgern, als die sie nicht mehr anerkannt wurden. Oder spielten sie doch für alle Welt ganz rechtmäßig, ganz sinnbildlich das Spiel von den letzten Bürgern, die sie doch waren? Immer weniger Zukunft gab es unter der Sichel des wachsenden Kriegsmondes in jenen Jahren, und immer zweifelhafter war die Vergangenheit.

In der Kunstgeschichte fiel ich nicht durch. Im Gegenteil, ich erhielt Auszeichnungen. Ich begann wieder die Annahme meiner Familie zu teilen, daß die Sonne am nächsten Morgen aufgehen würde und am nächstnächsten auch: daß daher alles dauern würde. Ich verliebte mich nämlich in eine Kunsthistorikerin, es war die größte Liebe aller Zeiten. Ich verließ die Landschaft der Jausen und Verstimmungen und Nachtmähler und besorgten Gesichter. Ich verließ das eisige Haus, in dem der schweigende sterbende Stiefvater herrschte. Meine Landschaft war voll von Zwiebeltürmen und färbigen Bildern, unter der Sichel eines süßen Mondes, der nicht wuchs, sondern abnahm, bis die Nacht nicht fürchterlich war, sondern ganz samtschwarz finster und herrlich. Von Ehe wurde aber doch nicht gesprochen, nicht einmal von der Zukunft. Erst einmal promovieren, war der Kehrreim. Ich dachte damals: jetzt bin ich fort vom Stiefvater, und von der Mutter, und von allen den Tanten, aber die schöne Kunsthistorikerin ist längst verschwunden, und ich sitze im Traum auf dem Floß mit meiner toten Familie.

So treiben wir weiter. Hinter uns klagt das Floß mit der Brünner Familie, wir aber sitzen ganz reglos. Möwen von Freunden und Fremden umflattern uns, und es sind noch immer Delphine auf unserer Spur. Ich sehe den Professor Freud die Berggasse hinunter durch die Porzellangasse zum Ring gehen, an dem anrüchigen Stundenhotel vorbei, das ich nun schon längst kannte. Er schaut so bekümmert drein. Ist er es, weil er den Sieg der dunklen Mächte so viel klarer sieht als die Familie, trotz all seiner Arbeit den Sieg der Dunkelheit auf dem ganzen Planeten? Oder nur, weil er, wie man weiß, sehr krank ist? Er hat immer schon bekümmert dreingeschaut, und vielleicht ist es überhaupt nicht der Professor Freud, der da durch die Berggasse geht, sondern ein bekümmerter Großindustrieller, der ihm ähnlich sieht. Viele alte Großindustrielle sehen ihm ähnlich, auch mein Onkel Alfred in Brünn mit seinem gepflegten melierten Spitzbart.

Auch das Gesicht des neuen Retters des Abendlandes, des Herrn Schuschnigg, wird immer nervöser. Es ist jetzt Juli 1936, der Tag des Juliabkommens mit dem Reich. Das bedeutete, wenn man lesen konnte, mene mene tekel upharsin. Um so mehr Grund, gut zu essen. Um so mehr Grund, in die Oper zu gehen. Um so mehr Grund, Verstimmungen zu haben und sich wieder zu versöhnen. Um so mehr Grund, einander häufig anzurufen und zu besuchen. Um so mehr Grund, zusammenzustehen und nicht von geisterhaften Zeichen an den Wänden zu reden, da die Sonne so hell schien. Um so mehr Grund auch, verliebt zu sein. In der Wachau schien in jenem Sommer die Sonne besonders hell, über Melk, über Krems, über Dürnstein, über Göttweig, über der Donau, die tatsächlich blau war: bis nach Passau, wo alles undenkbar wurde. Die Sonne schien auch besonders hell und wolkenlos über Warschau, über Prag, über Belgrad, über allen wartenden Städten. Es war ein sehr schöner Sommer, selbst auf einem Trauertraumfloß in der schwärzesten Nacht erinnert man sich an jenen sehr schönen Sommer. Mein Stiefvater gehörte nicht zur Familie, er konnte lesen, nicht nur Röntgenaufnahmen, sondern auch Geisterzeichen an der Wand. Er wurde immer schweigsamer, und sein Gesicht wurde immer weißer. Er ging bis zum letzten Tag seines Lebens am frühen Morgen in sein Spital und am Nachmittag in seine Ordination. Er starb im Oktober jenes Jahres 1936, an einem Herzschlag, wie man das damals nannte. Meine Mutter zeigte die allertiefste Witwentrauer, und die ganze Familie war äußerst erschüttert. Er war ein berühmter Mann gewesen, obwohl er kein Geborener gewesen war, was allerdings bei Männern weniger ausmachte als bei Damen. Die mangelnde Kinderstube wurde ihm nur flüsternd nachgesagt. Man war äußerst erschüttert, obwohl er für die Familie wenig übrig hatte und sich bisweilen sogar verächtliche Handbewegungen zuschulden kommen lassen hatte. Er erhielt ein sehr feierliches Begräbnis, selbst die Regierung war vertreten, und ich führte meine Mutter mit unsicheren, angeblich erwachsenen Schritten hinter dem Sarg her. Es war alles ganz doppelt,

Scham, Schuld, Bedauern, ein vages Gefühl von Befreiung und fast so etwas wie ein Triumph.

Es fanden noch einige Begräbnisse statt. Es schien, als wollten einige, die das Ende der Dinge nicht erleben wollten, sich jetzt noch schnell aus dem Staub machen. Der gefährliche, aber berühmte Karl Kraus trat von der Szene ab. Nur der uralte todkranke Professor Freud starb nicht, so als wollte er über den Einbruch der Dunkelheit hinaus verharren, bis die Vernunft wieder zum Zuge käme. Ich blicke jetzt zum Vergleich den Zukünftigen Menschen, unseren Mitpassagier, auf dem Floß an, wird die Vernunft von ihm kommen? Er sieht dem Professor Freud gar nicht ähnlich, er schaut zu unverschämt, zu lümmelhaft, zu selbstsicher drein, er ist zu ungeschlacht, und vor allem ist er zu jung.

Es ist jetzt schon 1937. Ich schaue mit nachterfüllten Augen zurück: das war das Jahr, in dem alles noch ein letztes Mal besonders schön, besonders klar, besonders erlebenswert schien. Das mag ein Streich des Gedächtnisses sein, ein Nacht- und ein Traumstreich: die inbrünstig zusammengefaßte Welt vor dem Abschied, die herzzerbrechende große Kadenz. Aber was folgte, war ja kein Schlußakkord, sondern die häßliche demütigende Katastrophe. So war das vielleicht der Streich des Tragödiendichters, der einen atemlosen Schwebezustand in seinen letzten Akt einlegt, bevor mit fürchterlichen Schreien und Tod und Blut das Stück endet: oder vielleicht der Streich eines Magiers: auf diesem Floß geht's doch um das Magische, nicht um das Tragische, es geht um die Kaninchen aus allen Hüten, um die Verwandlung der Gesichter und um die Bewahrung. Inzwischen standen, so scheint es im Rückblick, die feierlichen reifen Alpen ein ganzes Jahr 1937 lang still, auch wenn die Maulwürfe sie mit verdoppeltem Eifer unterwühlten. Die geisterhafte Schrift an der geisterhaften Wand verblaßte, und wir spielten an unserer eigenen Sittenkomödie weiter, muß man immer solche Comédie des mœurs spielen zusammen mit der Tragödie der Welt? Wir sitzen jetzt auf dem Floß, und alle außer mir haben den Tod hinter sich. Damals waren die meisten von ihnen noch am Leben, Tante Kary, Hella, Tante Marie, Tante Fanny, Tante Ella und meine Mutter, und sie erhielten das Jahr 1937 noch geschenkt. Auch ich erhielt das Jahr 1937 noch geschenkt. Ich widmete mich im Nebenfach meiner Doktorarbeit, vor allem aber der unvergleichlichen Kunsthistorikerin, die mein Hauptgegenstand war. Meine Mutter widmete sich einer, wie mir allmählich vorkam, übertriebenen Witwentrauer. Die Wohnung war jetzt weit weniger schweigsam. Bei Tisch wurde wieder gesprochen. Es war mir sogar erlaubt, im Wohnzimmer zu rauchen, was mein Stiefvater mit seinem kranken Atem streng untersagt hatte. Mit dem ersten befreienden Zigarettenrauch glaubte ich ihn ausgeräuchert zu haben, aber sein Geist haftete beharrlicher an den Möbeln als mein Rauch, er verließ das Haus nie so recht, bis wir es nicht auch verließen, was allerdings nicht mehr lange sein sollte. Meine Mutter dachte wieder daran, Bridge-Stunden zu nehmen. Das zeigte wenig Voraussicht, denn innerhalb dreier Jahre würde sie sich als Hausgehilfin in New York zu versuchen haben. Die Möglichkeit, die Hinterlassenschaft des Stiefvaters heimlich im Ausland anzulegen, wurde mit dem Familienanwalt, einem lautmäuligen alten Ignoramus, auf den die Familie große Stücke hielt, diskutiert und von allen Beteiligten, einschließlich des lautmäuligen Anwalts, mit Entrüstung zurückgewiesen. Du darfst nicht sagen, daß wir blind sind, sagte meine Mutter, das ist nicht höflich. Und von praktischen Dingen verstehst du ja nichts, sagte sie.

Die Tage der Tante Marie kreisten in jenem einzigartigen Jahr weiter um das Tun und Nicht-Tun ihres Sohns, des ehemaligen k. und k. Leutnants. Etikette war auch ein häufiger Gegenstand, aber sonst geschah in der Renngasse in jenem Jahr nicht viel. Ich erinnere mich auch an die plappernde Stimme der Tante Ella, die jetzt mit ihrem Heiligenschein so still auf dem Floß sitzt. Es ist nicht leicht, Menschen mit Heiligenscheinen ausgestattet zu sehen, die sie nicht suchten, besonders wenn sie leicht vorstehende Zähne und etwas einfältige Gesichter haben. Da sitzt auch die Tante Kary, meine Lieblingstante, die sanfte große Tante mit dem langen Gesicht, die immer nur freundliche Worte sagt, hinter ihr ist der Garten in der Peter-Jordan-Straße, wo der Goldregen hing und die zwei Ribiselsträucher Beeren trugen, auch im Jahre 1937, und neben ihr sitzt die unglückliche kleine bebrillte Hella. Löbl, höre ich die Tante Kary sagen, da ist er ja wieder, der Löbl. Das bezog sich auf meine Jugendfreundschaft mit ihren zwei jüngeren Söhnen, die meines Alters waren, nach einem Operettenschlager: das ist mein Freund, der Löbl, für den hab ich ein Fäbl. Neben der Tante Kary und der Hella sitzt die Tante Fanny, bei der immer Trauer herrscht, mit ihrem wunderschönen starren Gesicht, in der Blasstraße, wegen der zwei toten Söhne im ersten Weltkrieg.

Es ist jetzt schon fast Zeit für den Abschied. Jetzt beginnt das Jahr 1938. Es ist viel Schnee gefallen, weißer schimmernder Schnee, nicht einmal das Blut der in die Fallen geratenen Füchse wäre in soviel Schnee sichtbar, und wir gehen noch einige Male Schifahren. Ich führe meine Angebetete auf den Opernball, im Frack meines Vaters, und sie trägt das schönste Abendkleid aller Zeiten, aber die Walzer klingen ein wenig matt, und die Stimmung scheint flau, aber das mag Einbildung sein, doch der Bundeskanzler Schuschnigg in der Kaiserloge schaut ganz besonders nervös drein, das merkt man auch dann, wenn man kein Menetekel an der Wand sieht. Warum schaut er so besonders nervös drein, während die Blaue Donau gespielt wird? Und noch ein paar alltägliche Tage und Schnee, und dann die Schlagzeilen in den Abendblättern: in Berchtesgaden ist er. Ich stehe vor einem Zeitungsstand in der Nähe der Bellaria und lese die fette schwarze Überschrift. Ein Lümmel steht neben mir und stößt einen kurzen Pfiff aus. Er geht mir durch Mark und Bein. Das ist das Ende der alten Ordnung, ich weiß es. Das Ende unserer Ordnung zumindest, oder das Ende jeglicher Ordnung für uns. Soll ich jetzt ein Köfferchen packen und davonfahren, als wenn ich keine Familie hätte? Nach Brünn etwa, zu der anderen Familie, wo sie unbedroht sind und reich sind? Ich gehe nach Hause, das Stubenmädchen, mit einem leicht triumphierenden Gesicht, serviert sehr höflich das Nachtmahl. Du bist ein Schwarzseher, sagt meine Mutter mit unsicherer Stimme, man muß jetzt abwarten. Das Stubenmädchen serviert mit besonderer Sorgfalt den Kaffee, wenn sie einen Pfiff ausgestoßen hat, dann war's in der Küche. Onkel Alfred, sage ich, wie wär's mit dem Onkel Alfred. Hast du denn keinen Stolz, sagt meine Mutter.

Die Familie sitzt jetzt reglos, sie alle sitzen so, sie packen keine Koffer, und sie führen keine Reden, sie warten auf das, was nur mehr Tage entfernt ist und was dann alle Ausgänge verschließen wird. Sie sitzen auf keinem Floß, sondern in ihren Bürgerwohnungen in Döbling und in der Nähe des Rings. Es sind schöne Wohnungen, voll von alten Möbeln, Bildern, Garnituren und Krimskrams. Es sind auch Uhren in diesen

Wohnungen, Standuhren, Wanduhren, Tischuhren, sie gehen jetzt alle sehr schnell. Dann kommt der 13. März, und ein ungeheurer Lärm erhebt sich in den Straßen. Jetzt ist er längst verstummt, selbst der Sturm auf dieser Traumfahrt ist lautlos, und das Donnern der berstenden Bomben von oben würde bald sehr viel lauter sein, aber damals war es der größte Lärm, den Wien je gehört hatte: das Brüllen von hunderttausend jubelnden Menschen, und die an jenem Tag nicht mitjubelten, waren die einsamsten Wesen der Welt. Sollte man miteinander telefonieren und Meinungen austauschen? Es war etwas, worüber man Meinungen nicht mehr hatte. Man konnte einander auch nicht beruhigen, es gab nichts, was einen hätte beruhigen können. Der Lärm in den Straßen wurde immer lauter, es war wie ein einziger einstimmiger Schrei. Eine Stadt war gefallen, aber es war nur unsere Traumstadt, unser geborgtes Troja. Gegen Morgen hörte der Lärm auf, und ein bleiernes Schweigen dämmerte. Die Schatten der Großeltern verschwanden, es war jetzt die Fremde.

Was würde jetzt wem zustoßen? Jedem das Seine. Es gab noch einiges Geplapper, Telefonanrufe wurden wieder vorgenommen, vorsichtige, vermutlich abgehörte Anrufe. Man wagte sich wieder in die Öffentlichkeit, besuchte einander. Auf der Straße wurde man öfters aufgegriffen, um die von den Braunhemden beschlagnahmten Automobile vor aller Welt zu putzen oder die Bürgersteige mit Wasser und Seife zu säubern. Die Leute schauten einem höhnisch zu, andere gingen an einem vorüber, als merkten sie gar nichts, und einige waren verlegen. Es war aber trotzdem wichtig, auf die Straße zu gehen und Beziehungen zu unterhalten. Man war noch eine Weile lang eine Familie, aber das war nicht mehr lange aufrechtzuerhalten. Alles war jetzt zu Ende, mein Kunstgeschichtsstudium, die kleinen Geschäftigkeiten von Tante Maries k. und k. Leutnant, die Papierfabrik des Onkel Beppo, die Musikstunden, die Bridge-Stunden, alles. Meine Mutter sagte, daß Leute, die etwas auf sich hielten, sich jetzt nicht gehenlassen dürften, und das war auch die Meinung der Tante Marie. Es war aber nur eine halbe Einsicht, denn die Frage war vor allem, wie Leute, auf die niemand etwas hielt, etwas von sich halten sollten. Über Nacht hörte das Stubenmädchen auf, meine Mutter als Gnädige Frau anzusprechen. Sie war einfach Frau Eisler. Meine Mutter sagte, daß dies das Ende der Welt sei, aber das war auch nur eine halbe Einsicht, denn wenn zwar ihre Welt jetzt aus war, war es nicht das Ende aller Welt: meine Mutter überlebte und bewahrte sich ihr Gesicht in der Fremde. Die Köchin Pepi war vom alten Schlag. Sie betete das Vaterunser und weinte. Jetzt sitzt sie eine Weile auf dem Floß mit ihren wasserblauen Kärntner Augen und dem leicht besorgten Ausdruck in dem hübschen Gesicht. Das Fräulein Maultaschel weinte nicht einmal. Das hätte zugegeben, daß in der

Renngasse bei der Tante Marie etwas nicht in Ordnung wäre. Sie weigerte sich aber, jetzt noch ein Gehalt anzunehmen. Sie sitzt sehr traurig auf dem Floß, das ganze Floß schaut jetzt fürchterlich traurig aus. Einige Leute waren grob, die dicke Frau des einfältigen Hausbesorgers zum Beispiel, der so bald nach Rußland mußte und nicht mehr zurückkommen sollte, andere fast unterwürfig, wie der Tabaktrafikant an der Ecke der Hessgasse, der ein Invalid war. Diese Unterwürfigkeit tat aber auch weh, sie war die wahre Unterwürfigkeit nicht mehr, sondern eine Überlegenheit.

Das war nur der Anfang des äußersten Schreckens, denn bald begannen die Abgeführten und die auf der Straße Aufgegriffenen nicht mehr zurückzukehren. Sie kamen in die Kerker und in die Lager. Es war nur der Anfang des äußersten Schreckens, aber es war das Ende der Familie. Was die einen fürchterlich traf, war für die andern ein Glücksfall, denn es war an ihnen vorübergegangen. Etwas in mir möchte jetzt aufwachen und sich nicht mehr erinnern auf dieser Traumfahrt, aber wir treiben noch immer durch die Nacht, die Nacht ist noch lange nicht vorüber, und etwas in mir möchte sich weiter erinnern, ein ganzes Leben lang weiter. Wir sitzen jetzt auf dem Floß, und ich gedenke der Kristallnacht. Das war der erste Pogrom. Sie brachen in einige Häuser ein, in andere aber nicht. In der Peter-Jordan-Straße zerstörten sie alles und führten die jungen Männer ab. In der

Wasagasse läutete die Hausglocke, wir erbebten, aber es war ein alter Freund, der hakenkreuzbeschirmt vor der Türe stand, um beizustehen. Es war jetzt alles zerrissen. Erst im Traum stellt es sich wieder her, eine ganze Nacht lang. Es galt jetzt, sich zu retten, wenn es noch möglich war. Auch mit dem Auf-sich-Halten war es aus, es hielt niemand mehr auf sich, sondern nur noch auf das Überleben in irgendeinem fremden Land, in welchem auch immer, wenn die gelobten Länder Amerika und England keine Visa gewährten, in Shanghai, Singapur oder auf dem Nordpol. In alle Weltrichtungen begannen sie zu fliehen, wo immer ein Türspalt sich öffnete, und diejenigen, die nicht fliehen konnten, wurden verdammt zu dem unfreiwilligen Heiligenschein ihrer Unschuld.

Nur der Selbstmord wurde zurückgewiesen, es geschahen keine Selbstmorde in dieser Familie. Lebwohl sagten die, die zuerst wegfuhren, ganz willkürlicherweise die Tante Fanny und die Ihren als erste, Lebwohl sagten sie oder sogar auf Wiedersehen, aber sie wußten, daß vom Wohlleben nirgendwo mehr die Rede sein würde, und auf welchem Traumfloß würde man denn einander wiedersehen? Die zurückblieben, sagten mit bebenden unlauten Stimmen Macht's gut oder Vergeßt uns nicht oder Ihr werdet uns doch was schicken, daß wir auch fortkönnen nicht wahr, oder auch Lebt wohl und Auf Wiedersehen, denn so wie das Verderben willkürlich war, so war eben das Glück auch willkürlich, und so blieb noch die Hoffnung. Auch ich verabschiedete mich, mit uneingestandener Ungeduld und Verlegenheit, und äußerte die althergebrachten Überreste der Worte, die nicht mehr zutrafen. Ich nahm Abschied von meiner Mutter, nicht wissend, ob ich sie wiedersehen würde, und von der Tante Marie, von der Tante Kary, von der Hella, vom Fräulein Maultaschel, von der Tante Ella, von der Köchin Pepi, von ihnen allen. Auch ich sagte Lebt Wohl und Auf Wiedersehen. Jetzt sehe ich sie endlich wieder, aber einige von ihnen schauen so ganz anders aus. Ein letztes Mal wünsche ich, sie müßten diese Heiligenscheine in meinem Traum nicht tragen, diese vormals so eifrigen, lebhaften lieben Gesichter.

Der Morgen muß jetzt schon nahe sein auf unserer Fahrt, ich beginne zu träumen, daß ich bald aufwachen werde. Ich höre meine Mutter, obwohl ich nicht an sie herankommen kann, jetzt sagen, daß man doch wissen müsse, wohin die Fahrt ginge. Man könne sich doch nicht so gehenlassen und ziellos durch die Nacht treiben. Man müsse doch ein Ziel haben. Sie war wie immer sanft, wunderschön mit ihren großen sprechenden traurigen Augen, aber auch wie immer durchdringend entschlossen, große Dame in Wien, Hausgehilfin in New York und unabweisbarer Schatten auf unserem Traumfloß. Ich stammelte durch das lautlose dunkle Rauschen, daß unsere Welt ja untergegangen sei und daß man daher nicht wissen könne, wohin die Fahrt ging. Du bist und bleibst ein Träumer, sagte meine Mutter. Wohin wir fahren? wollte ich sagen: in die Vergangenheit! Immer weiter weg in die Vergangenheit!

Jetzt war auch mein Vater wieder sichtbar, mein wirklicher Vater, nicht mein Stiefvater. Er kam wie ein großer Vogel, ein uralter Albatros, und ließ sich auf dem Floß nieder. Meine Mutter lächelte und schien wie der Mond. Vater, wollte ich sagen, du kannst mir das nicht zum Vorwurf machen, daß ich so anders geworden bin als du. Die Änderungen, die sich seit deinem Tod zugetragen haben, die waren zu gründlich. Du würdest in die neue Welt gar nicht passen, du mit deinem majestätischen aufrechten Gang und deinem Zwicker und deiner komischen Uniform, was das einzige ist, woran ich mich noch erinnere, damals am Plattensee, als du vom Bahnhof auf mich Freude-Erfüllten zukamst. Ich bin jetzt auch kein fünfjähriger Bub mehr. Weißt du, daß nur ein paar Wochen nach deinem Tod die ganze k. und k. Monarchie in Stücke ging? Was sagst du dazu? Und daß wir uns dann, wie auf einer Berg-und-Tal-Bahn, noch ein paar Jahre lang zu behaupten versuchten, vielleicht die letzten wirklichen Bürger der Welt, weil uns an allem, was du uns hinterließest, so unsäglich viel lag, aber jetzt hat man uns vertrieben, enteignet, umgebracht, jetzt gibt es uns nicht mehr, außer mir, der jetzt in der Neuen Welt ist, weder Bürger noch irgendwas anderes, was sagst du dazu? Ich betonte das dazu auf der ersten Silbe, ganz laut, aber das Rauschen der See wurde jetzt stärker. Mein Vater schaute ganz bekümmert drein, wie ratlos. Er war so jung. Fast hätte ich ihn als Jungen, als Sohn angesprochen, aber das traute ich mich auch im Traum nicht.

Ich hörte meinen Vater etwas antworten, aber ich war gar nicht sicher, ob es seine Stimme war oder meine, denn ich konnte mich an seine Stimme ja gar nicht erinnern. Weißt du nicht, glaubte ich ihn im Meeresrauschen sagen zu hören, daß wir gar keine richtigen Bürger waren? Wir hatten den kommenden Sturm schon vom ersten geborgten Bürgerrecht an in den Gliedern. Deshalb konnten wir so leidenschaftlich musizieren und dichten und forschen. Weißt du nicht, aus was für einer Familie du kommst?

Das Floß mit meiner Brünner Familie begann zu wehklagen, aus der Ferne. Es war nur ein Wimmern, aber es war lauter als das Meer. Ich wußte aber nicht, ob mein Vater sich auf seine distinguierte Brünner Familie bezog oder ob er am Ende den Professor Freud und den Doktor Schnitzler und gar auch den Karl Kraus meinte. Vielleicht meinte er nur sich selber; denn er war ein leidenschaftlicher Geiger gewesen.

Ich hatte meinen Eltern nichts mehr zu sagen, auch den Großeltern nichts und den Tanten nichts und dem Fräulein Maultaschel und der Köchin Pepi und der Cousine Hella nichts, ihnen allen nichts mehr, denn es begann Morgen zu werden. Das ist jetzt endlich, endlich das Ende der Fahrt, kein Abschied, nur ein Wachwerden in die Welt, ein Atmendürfen in dem halbverständlichen, halbvernünftigen Raum der menschlichen Freiheit, wieder ein alter Mann in Stärke und Ansehen und nicht ein gescholtenes Kind im wachsenden Sturm, geboren am falschen Ort zur falschen Zeit, wenn es je eine richtige gab. Es ist schon fast Morgen, die Seetiere sind alle untergetaucht, die Delphine und Walfische, mein Stiefvater, der Onkel Edmund, sie alle. Eine Schar von Möwen erhebt sich und flattert davon, es ist der brave Tabaktrafikant in der Hessgasse, es ist der einfältige Hausbesorger, und auch meine Kinderfrau Ome wird zur Möwe und fliegt jetzt fort, und die Köchin Pepi folgt ihr. Lebt wohl kann ich nicht sagen, und Auf Wiedersehen kann ich auch nicht sagen, und so rufe ich ihnen Adieu nach. Adieu, Adieu! Jetzt hat das Wehklagen vom Brünner Floß aufgehört, sie sind im weißen Nebel verschwunden. Es beginnt jetzt alles weißer Nebel zu sein. Auch die Mutter, die ich immer so deutlich sah, wird jetzt blaß, und der Vater verschwindet. Die Tante Marie nimmt nicht mehr übel, und die Tante Kary scheint nicht mehr traurig. Selbst die entsetzlichen Heiligenscheine verlieren ihr Feuer. Alles wird weiß, und das Meer wird ganz still und glatt. Bin ich sie nun los, die Bürde von Trauer und Heimat, die Bürde von Liebe und Schuld? Dazu war kein Tageslicht hell genug und keine Verwandlung gründlich genug. Und dann war noch immer dieses fremde Wesen da, das uns die ganze Fahrt lang gestört hatte, eine lästige Anwesenheit, fühllos und höhnisch, und doch auch der unentbehrliche Zuschauer, vor dem wir unser schweigendes und plapperndes Trauerspiel und Sittenstück gespielt hatten, dieses Wesen mit tausend und keinem Gesicht, ein junger Lümmel, ein allmächtiger Diktator, ein Baby und ein allesverzehrender Gott: der Zukünftige Mensch!

Wär's nicht an der Zeit, sagte er jetzt, an eine vernünftigere und gerechtere, an eine dem Menschen angemessenere Lebensform zu denken, anstatt immer wieder diesem Bürgertraum von gestern nachzuhängen? Willst du etwa auch die Träume abschaffen? wollte ich antworten. Träume sind Röntgenbilder, sagte er, man braucht sie. Familienbindungen muß man auch erhalten, sie sind ein produktives Element der Gesellschaft. Aber nicht eure.

Unsere, unsere. Was ist aus unserer Familie denn geworden? Wir sind längst keine Familie mehr, sage ich, dem Zukünftigen Menschen unhörbar. Wir radebrechen in Englisch, Französisch, Spanisch, selbst auf portugiesisch, die nächste Generation spricht nirgendwo mehr ein deutsches Wort, und den Doktor Schnitzler kann keiner mehr in der Ursprache lesen. Die Altgewordenen aber, die es noch könnten, die sind Salzsäulen geworden vor Gram, Ruinen, gespenstische Echos von Rache oder, noch schlimmer, Nullen, Fettbäuche mit grinsenden oder grimmigen Masken, erwerbsüchtig mit einem Hunger, den kein Geld der Welt je stillen könnte, unterwürfige Anpasser, bedacht, nur ja die Gesichter ihrer Wirte zu kaufen, zusammen mit den Suburb-Villen und ihren Läden, in wie vielen Exilen sind sie so geworden? Aber so wart ihr ja immer, sagte der Zukünftige Mensch.

Lüge, Lüge, wollte ich schreien, wir sind eine gute stolze Familie gewesen! Aber er befahl mir jetzt, an die Zukunft zu denken, er war jetzt ganz allein mit mir auf dem Floß, und so viel größer und stärker als ich, und der silberweiße Nebel schien undurchdringlich, es war ratsam, daß ich mich fügte. Die Zukunft und der Onkel Ludwig, die werden nichts miteinander gemein haben, wollte ich sagen, aber er wurde noch strenger, er schaute jetzt wie ein Beamter der Staatspolizei aus, und er gebot mir, den Firlefanz sein zu lassen.

Die Zukunft also, versuchte ich zu sagen, wer kann auf einem Traumfloß treibend von der Zukunft träumen? Solche Träume führen stets zu den blutigsten Utopien. Die Zukunft also. Die riesigen Industrieanlagen, die alles verpesten. Und so viele Menschen, daß sie wie Ameisen übereinanderkrabbeln. Und keine Bürger mehr, das eine ist sicher, solche hoffnungslos liebenden Bürger wie uns wird es niemals wieder geben.

Das ist Vergangenheit, sagte er, ich habe dir befohlen, von der Zukunft zu träumen. Massenmord, Schreckensherrschaft, gesichtslose Barbarei, Atomtod, ist es das, was ich dir prophezeien soll? versuchte ich zu antworten. Und nirgendwo mehr meine Familie. Das sind keine possierlichen Delphine, keine schnaubenden Walfische, die da auftauchen werden auf unserer Fahrt, sondern das endgültige Seeungeheuer, der große Leviathan selber! Spürst du das nicht? Der Zukünftige Mensch aber schien gänzlich unbekümmert. Die Zukunft, sagte er, das ist der Sieg des wissenschaftlichen Denkens. Endlich, endlich ohne euresgleichen. Ohne eure falsche heuchlerische Magie. Er sagte das ganz ruhig, so als wollte er mich trösten. Der Nebel begann dünner zu werden, und der blaue Morgen glänzte über der See.

Und die Zukunft des Weltalls, die kann ich mir noch viel weniger vorstellen, wollte ich noch sagen, ob nämlich das Ende ein großes Nichts ist, nach dem Wärmetod, der alles abflacht, oder ob alles immer wieder beginnt.

Für die Menschheit ist das eine völlig abstrakte Frage, sagte der Zukünftige Mensch. Wir müssen an die Zukunft der Menschheit denken.

Adam, wollte ich jetzt sagen, ich träume jetzt auch von Adam, meinem Urahnen. Meine Bibelstunden, als ich in die Volksschule ging, doch meine Bibelstunden zu Hause kriegte, als Nichtchrist. Adam. Der Herr rührt seinen Finger, und er wacht auf. Auf der sixtinischen Decke. Gleich wird auch Eva aus der Rippe ihm quellen. Wie schön das ist, was für eine große Geschichte. Und

Noah, die Sintflut. Und Abraham. Zukünfte haben wir noch einige, auch wenn wir keine Unsterblichkeiten haben, und Vergangenheiten so viele, was für ein herrlicher Traum das ist, und was für ein kostbares Besitztum.

Du sollst jetzt vernünftig sein, sagte der Zukünftige Mensch, während in der Ferne der Hafen auftauchte, die Weltstadt mit ihren ragenden Wolkenkratzern und der Göttin der Freiheit. Keine Vernunft ohne Liebe, wollte ich sagen, und keine Zukunft ohne Vergangenheitsträume, aber ein Frühwind erhob sich und verschlang mir die Stimme.

Anna Maria Jokl
Die Reise nach London

Wiederbegegnungen
128 Seiten. Gebunden
Jüdischer Verlag

Die Reise nach London ist eine Reise in die Vergangenheit. In London hatte Anna Maria Jokl von 1939 bis 1950 gelebt; der Ort ihres Exils war ihr immer fremd geblieben. Während die Autorin nun durch London geht, kehren Bilder, Erinnerungen wieder, auch aus anderen Metropolen ihres Lebens: aus Jerusalem, Prag, Berlin.
1911 in Wien geboren, kam Anna Maria Jokl in den zwanziger Jahren nach Berlin, zur Piscator-Schule, zum Rundfunk. 1933 verläßt sie die Welt des heraufziehenden Nationalsozialismus, geht nach Prag, schreibt Kinderbücher, die erst Jahrzehnte später in Deutschland erscheinen können. Nach der deutschen Besetzung der Tschechoslowakei flieht sie im März 1939 über Polen nach London. 1950 studiert sie am Institut von C. G. Jung in Zürich – ein Kapitel dieses Buches erzählt davon. 1951 kehrt sie ins Nachkriegs-Berlin zurück, wo sie als Psychotherapeutin arbeitet. Seit 1966 lebt Anna Maria Jokl in Jerusalem.
Ihr Werk wurde 1995 mit dem Hans Erich Nossack-Preis ausgezeichnet.

Anna Maria Jokl
Essenzen
Erweiterte Ausgabe
113 Seiten. BS 1259

Begegnungen, Geschichten und Eindrücke eines Lebens in diesem Jahrhundert haben sich zu Essenzen verdichtet: Anna Maria Jokl schreibt von Flucht und Exil, von neuen Anfängen in Prag und in Berlin, in London und in Jerusalem. »Wäre jede Phase eine Glasplatte, auf jeder ihr spezielles Zeichen eingeritzt, alle übereinandergelegt und mit *einem* Blick von oben durchschaut – somit der Zeitablauf aufgehoben –, mag eine Hieroglyphe unsrer Epoche sichtbar werden.«
Über die Erstausgabe 1993 im Jüdischen Verlag schrieb Hermann Wallmann in der ›Süddeutschen Zeitung‹:
»... Miniaturen, die unter dem Titel *Essenzen* zu einem der schönsten und weisesten Prosabücher komponiert worden sind, die es in der deutschsprachigen Nachkriegsliteratur gibt ...«.

Weitere Bücher von Anna Maria Jokl:

Anna Maria Jokl
Die Perlmutterfarbe
Ein Kinderroman für fast alle Leute
280 Seiten. st 2412

Anna Maria Jokl
Die wirklichen Wunder des Basilius Knox
Ein Roman über die Physik für Kinder
von 10 bis 70 Jahren
Mit einem Nachwort von Oskar Kokoschka
268 Seiten. Mit Illustrationen. it 1888

Anna Maria Jokl
Zwei Fälle zum Thema
›Bewältigung der Vergangenheit‹
102 Seiten. Englische Broschur.
Jüdischer Verlag